大战略情报析论

ANALYSIS ON GRAND STRATEGIC INTELLIGENCE

李冬伟 / 唐永胜 · 主 编

时 事 出 版 社
北 京

图书在版编目（CIP）数据

大战略情报析论/李冬伟，唐永胜主编. —北京：时事出版社，2019. 5
ISBN 978-7-5195-0317-8

Ⅰ. ①大…　Ⅱ. ①李…②唐…　Ⅲ. ①国家安全—研究　Ⅳ. ①D035. 3

中国版本图书馆 CIP 数据核字（2019）第 060043 号

出 版 发 行：时事出版社
地　　　址：北京市海淀区万寿寺甲 2 号
邮　　　编：100081
发 行 热 线：(010) 88547590　88547591
读者服务部：(010) 88547595
传　　　真：(010) 88547592
电 子 邮 箱：shishichubanshe@ sina. com
网　　　址：www. shishishe. com
印　　　刷：北京旺都印务有限公司

开本：787 × 1092　1/16　印张：14. 25　字数：180 千字
2019 年 5 月第 1 版　2019 年 5 月第 1 次印刷
定价：86. 00 元
（如有印装质量问题，请与本社发行部联系调换）

目　录

绪　论

一、问题的提出

情报是国家安全战略筹划的基本构成要素，是国家安全战略决策和实施的行动基础。没有情报支持，决策者就失去了决策的基本依据，执行者则失去了行动的基本路标。不同于为具体行动服务的战术情报或为某一领域或部门服务的领域情报，国家安全战略情报以制定、实施、评估和调整国家安全战略为直接服务对象。国家安全战略情报准确与否，直接关系到战略决策者能否全面分析国家所处的国际、地区和周边安全环境，正确判定国家安全面临的主要威胁和潜在挑战，客观评估各方实力对比情况，并及时跟踪掌握上述威胁和挑战的发展动态，进而预知其未来走势。藉此，战略决策者才能权衡利弊，制定符合全局利益和长远需求的战略目标，灵活、高效地运用各类软硬实力，塑造有利的战略态势，掌握战略博弈的主动权。

工业革命以来，在分工与合作的基础上，全球化进程加速演进，涉及范围逐渐超越经济领域，波及政治、文化、科技、社会等各个方面，影响深度也不再局限于国家、公司等社会组织的管理层面，而是直接触及到了人类社会中的每一个个体成员。社会构成连接方式、生产方式的变化，从根本上改变了国家生存所依赖的内在结构和外部环境，国家安全战略筹划需要面对更加纵横交错的战略环境，迎接更加复杂多元的安全挑战，统筹更加丰富多样的战略手段。由此，国家安全战略情报需求得到了前所未有的拓展。例如，在战略环境评估方面，不仅要严密关注周边安全态势，还要跟踪掌握全球安全形势；在安全威胁预警方面，不仅要辨明国家安全传统威胁，还要识别国家安全非传统挑战；在战略规划制定方面，不仅要综合考量各类手段优劣，还要围绕实现战略目标主动进行战略机遇分析；等等。在需求不断拓展的情况下，战略情报需要在整个国家安全战略运作体系中重新进行职能定位，并根据新的职能定位，调整、充实、完善战略情报的内容构成，使其能够在全球化时代背景下充分发挥情报的历史作用。

如果说经济利益驱使点燃了全球化进程的引擎，信息技术创新则为全球化进程灌注了持续性能量。自图灵发明计算机开始，一场涉及范围广阔、声势宏大，但在一定程度上却悄无声息的变革——信息技术革命彻底改变了世界范围内分工与合作的基本方式。[①] 信息技术革命不仅仅意味着更快捷的信息交流，更低廉的信息成本，更对信息搜集、处理和使用，乃至信息自身产生了颠覆性的影响。对国家安全战略情报来说，信息技术的迅猛发展和广泛应用带来了复杂深远却又不可回避的影响。信息技术的发展甚至对许多情报活动的基本原则提出了挑战和质疑。信息的爆炸式增长，使得情报系统不得不面对一个此前从未遭遇的信息过载局面；信息的多元化传递，打破了长期以来情报部门对信息渠道的垄断，公开信息成为情报获取的重要途径；信息的透明化趋

① 20世纪90年代，互联网技术兴起，引发了信息技术发展的第二次浪潮。信息在全球范围内的自由流动，使得世界的整体联系得到了前所未所的加强：横向来说，国家之间、地区之间乃至各大州之间的联系更加密切；纵向而言，社会组织的各个层级之间的互动更加频繁。信息技术潜移默化地改变着人类社会的日常运转，却颠覆性地改变着信息本身。

势，直接对传统情报工作的保密原则提出挑战，保密难度不断加大，等等。与此同时，信息技术革命也为战略情报工作提供了前所未有的机遇。例如，信息检索技术、机器翻译技术、语音识别技术等在情报领域的运用极大地提高了情报的处理效率。据信，美国国防高级研究计划局（Defense Advanced Research Agency，DARPA）正在研究数据搜集、融合、共享、识别等信息技术，以破解当前信息过载带来的挑战，如将其大幅引入情报领域，美国的情报生产效率将比现在提升近百倍。在技术革命面前，谁最先领悟技术变革带来的变化，转变传统思维观念，并创造性地将其运用于情报生产领域，谁就能够抓住机遇，在未来竞争中占据优势。

当前国际体系进入加速演变期。与过去相比，国际体系的运行秩序、分布结构和单元属性都在发生改变。在国际体系加速转型的过渡时期，为塑造有利的战略环境，抢占先机，大国之间的战略博弈变得愈加复杂。作为国家安全战略筹划和实施的先导，情报竞争强度不断加大，大国之间表现得尤为明显。2013 年 6 月，美国国家安全局（NSA）“棱镜”项目（代号 US－984XN）曝光，引爆了国际社会对大国战略情报竞争活动的关注。“棱镜”项目始于 2007 年，每年耗资 2000 万美元，单月情报搜集数量高达 970 亿条，目的是对世界范围内的互联网即时通信和既存资料进行深度监听。① 然而，如此庞大的情报监听项目只是已知美国国家安全战略情报活动的冰山一角。与“棱镜”项目同时并存的还有“主干道”“码头”和“核子”，它们共同构成了“星风”监视计划。2004 年，时任美国总统小布什批准通过“星风”计划，交由国家安全局秘密执行。作为美国情报界 16 家单

① 参见金圣叹．黑客间谍：揭密斯诺登背后的高科技［M］．武汉：湖北人民出版社，2014：6.

位中的一员，国家安全局秘密执行的情报监视计划已然如此庞大，美国国家安全战略情报活动的整体规模可见一斑。类似“棱镜”项目的监听活动并非美国政府的独家专利。“棱镜”项目曝光后，英国、法国、日本和印度等国也相继曝光了类似的情报监视项目。在国际体系转型的大背景下，为了确保自身安全，争取战略主动，情报已经成为各国竞相争夺的重要战略资源。

在全球化浪潮、信息技术革命和国际体系变迁的时代背景下，以国家为代表的战略行为体面临的战略环境发生剧烈变化，国家安全面临的挑战日益多元、威胁愈加多样。然而，服务于国家安全战略的情报活动却仍然以传统军事情报理论为指导，受到狭隘情报观念的制约和束缚。在新的时代背景下，情报活动必须跳出单纯军事对抗的范畴和军事情报的理论窠臼，在新的更加广阔的空间和维度建立理论框架、加强实践创新，为维护国家总体安全、保持国家竞争优势提供重要支撑。随着中国崛起步伐的加快，国家利益空间不断拓展，而国家安全环境和国际竞争形势日趋复杂，特别是大国间围绕海洋、太空、网络新型等领域展开激烈较量，情报工作必须树立大战略的思维观念，以积极参与国际竞争的姿态，拓展职能任务、增强质量效益、提升层次水平，努力打造战略性支柱产业，为维护国家安全、拓展国家利益提供强有力支撑。

结合现代国家安全战略理论体系，新的情报理论必须回答下述五大基本问题：(1) 情报在现代国家安全战略体系中扮演什么角色？(2) 服务于国家安全战略的情报包含哪些内容？(3) 为满足国家安全战略情报需求，战略情报系统需要具备哪些能力？(4) 如何在战略博弈框架内理解传统情报研究语境下的情报与反情报活动？(5) 在时代转型的大背景下，国家安全战略情报体系面临哪些全新的挑战以及如何应对？本课题试图从服务于国家安全战略的视角，系统地对上述问题作以解答。

二、基本认识

（一）情报和国家安全战略情报

概念是学术研究的基石。没有严谨的概念界定，就无法进行清晰、明确的事物指代，从而无法进行合乎逻辑的分析、演绎、推理和论证，也就无法形成卓有成效的学术辩论，也就无法推动学术研究不断向前发展。本课题研究主要涉及如下几个核心概念：

1. 情报

虽然情报活动源远流长，但迄今为止学术界也未就“情报”的定义达成一致。抛除那些类似“情报是情报工作的成果”的反复定义，关于“情报”最广泛的定义主要包括两类：一类将情报定义为知识，一类将情报定义为信息。例如，克劳塞维茨认为，“情报是我们对于敌人和敌国所具有的一切知识”。[①] 谢尔曼·肯特认为，“情报是一种知识”，“情报是一种组织”，“情报是一种行动”。[②]《美国联合军语辞典》将情报定义为，“与外国或作战区域有关，对计划有直接或潜在重要性的任何信息，经过搜集、评估、分析、整合以及解释等处理后得到的产品”。[③] 武尽法认为，“情报是为政治斗争、生产斗争和科技斗争的需要而搜集整理的情况和材料”。[④] 这里的情况和材料等同于信息。依照“概

① 克劳塞维茨．战争论［M］．钮先钟译．桂林：广西师范大学出版社，2003：35.

② Sherman Kent. *Strategic Intelligence for American World Policy*［M］. Princeton, NJ: Princeton University Press, 1949: Preface xii – xi.

③ *Dictionary of United States Military Terms for Joint Usage*, 1955: 243.

④ 武尽法．情报学概论［M］．北京：解放军出版社，1994：69.

念=种差+邻近属概念”的定义原则[①]，要全面理解和准确把握情报的内涵和外延，需要对“信息”和“知识”进行考察，厘清它们之间的关系，找出其中最接近情报的属。

信息是物质存在的一种表现形式和物质运动规律及特点的表象，[②]来源于生物体对物质世界的感觉，[③]普遍地存在于自然界、生物界和人类社会之中。与信息相比，知识的涵盖范围要小很多，它仅限于能够被人类识别和感知的信息。根据韦伯斯特（Webster）词典1997年的定义，“知识是通过实践、研究、联系或调查获得的关于事物的事实和状态的认识，是对科学、艺术或技术的理解，是人类获得的关于真理和原理的认识的总和”。《中国大百科全书·教育卷》把知识定义为，“对客观事物的属性与联系的反映，客观世界在大脑中的主观映像”。综合上述两种定义可知，知识是人类在改造世界的实践过程中对信息的认识、加工和组织，是意识化、符号化和结构化的信息。[④]情报的服务对象是人，必须能够被人类识别和感知，因此其内涵在属上更接近知识，应是知识的一种。

情报是什么样的知识呢？在不同的情境中，情报表现为不同的知识。在战争领域，为求胜负，军事家认为情报是有关敌人的一切知识；在经济领域，为获取利润，市场主体认为情报是有关竞争对手的一切知识；在科技领域，为探索未知，科研人员认为情报是一切有关科学发展和技术创新的知识；等等。英国情报学家布鲁克斯（B. C. Brookes）从情报功能的角度出发，将情报定

① 所谓种差是指同一属概念下的种概念所独有的属性，即和其他种概念的本质的差别；邻近属概念是指包含被定义者的最小的属概念。

② 靖继鹏，马费成，张向先．情报科学理论［M］．北京：科学出版社，2009：10.

③ 曹江．信息主导论［M］．北京：电子工业出版社，2013：25.

④ 李喜先．知识创新战略［M］．北京：科学出版社，2013：2.

义为，“使人原有知识结构发生变化的那一小部分知识”。[①] 闫晋中从需求的角度出发，将情报定义为，“为解决特定问题所需要的知识，是通过传递而满足需要的知识。”[②] 抛开特殊的情境，就情报的普遍特性来看，情报是指能够满足用户特定需求的知识。这种特定需求一般来说是为了消除事物的不确定性，满足用户的认知欲望。

2. 国家安全战略情报

国家安全战略情报，是指能对国家安全工作全局发挥支持保障作用并服务于国家安全战略决策的重要情报，以下简称战略情报。它以战略性、前瞻性的情报产品为战略决策服务，而战略决策也可看作是将战略情报转化为战略行动的过程。在本课题研究中，除特别说明外，“国家安全战略情报”“战略情报”和“情报”具有同等意义，采用不同表述原因只是出于行文需要。需要指出的是，本课题之“战略情报”并非与“战术情报”相对应的“战略情报”，而是泛指一切能够服务于国家安全战略的情报。之所以加以区分，原因有二：一是“战略情报”和“战术情报”具有强烈的军事色彩和时代背景，国家安全战略情报不仅包括军事情报，还涉及政治、经济、外交、社会等广阔领域；二是由于“战略情报”和“战术情报”之间的层次和界限越来越模糊，简单将情报进行一分为二的层次划分不利于对国家安全战略情报价值进行多维理解。为避免误解，在需要使用具有层次意涵的“战略情报”和“战术情报”概念时，将以“战略级情报”和“战术级情报”指代。

---

① 叶鹰，武夷山．情报学基础教程［M］．北京：科学出版社，2012：16－17.

② 闫晋中．军事情报学［M］．北京：时事出版社，2003：13.

（二）国家安全战略情报的重要作用

国家安全战略情报在谋取国家战略主动权中居于重要地位，可从三个方面来理解。

1. 国家间竞争的核心领域

参与国际竞争是国家生存与发展的必然选择，是国家对外交往的重要方式。面对高速发展的信息时代，任何国家都不会低估情报工作的战略价值，尤其是安全内涵外延的丰富拓展和国际战略形势的风云变幻，使得情报工作日益成为战略对抗的重头戏，国家间的情报与反情报工作更加尖锐复杂。兵马未动，情报先行，成为战略决策与执行层面的广泛共识。军事、政治、经济、文化、金融、科技等领域，不管哪一层面的竞争都离不开情报的支撑。为应付繁重艰巨的情报工作任务，世界各大国的情报系统正变得越来越庞大，人员规模不断扩大，机构协作更趋复杂，要将其有效管控起来，形成整体合力，必须运用工程化的思维将其打造成标志性的甚或支柱性的战略产业。例如，美国情报界已成为一个年度预算数百亿美元、专业人才众多、技术高端先进的大行业。为抓好情报工作的顶层设计和战略指导，美国多次出台《国家情报战略》《国家反情报战略》等系列文件，下大力整合情报资源、加强战略统筹。它反映的是美国谋取全球竞争优势、巩固全球霸权地位的目标定位和价值取向。不言而喻，战略情报已成为国家间竞争的核心领域，只有从根本上提升国家情报工作的地位作用和能力水平，才能为国家参与国际竞争、赢得战略优势提供稳定可靠的支撑。

2. 维护国家安全的第一道防线

国家安全居于国家利益的核心地位，情报工作自有史以来一直处于感知安全威胁的最前沿，发挥着维护国家安全的盾牌与屏障作用。当安全诉求由单纯的追求军事优势，上升为关乎长远的全局性战略规划——国家安全战略时，“大情报”或“国家情报”的理念、职能和作用就得到了全面彰显。战时，战略情报是统帅部制定战争政策的重要依据，对控制战局走向、赢得战争胜利发挥着极其重要的作用；平时，战略情报是国家决策层谋划制定国家安全战略的重要依据，时刻关系着国家的生存与发展。国家安全威胁因素的日益多元化以及国家安全决策领域面临的新情况新问题，对国家情报力量肩负的使命责任提出了新的更高要求。情报工作不单要辅助安全战略决策，更要在复杂严峻、动态变化的安全环境中创新发展，除了感知威胁，还要提供战略预警，特别是国家间面临危机事态的情势下，要实时监控对抗状态，研判事态影响程度，推测未来发展趋势，为预防和管控国家安全危机提供有效的战略预警。可以说，作为情报最高层次的战略情报，支撑并影响着国家安全战略选择。情报工作必须适应国家安全战略需求，与国家安全紧密联系、协调发展。

3. 国家战略能力的重要组成部分

情报既是一种资源，又是一种能力。战略情报为制定国家总体战略提供支撑，日益成为衡量国家战略能力的一个重要方面。它也包括软硬两方面：从硬的方面讲，情报工作相关技术体现的是国家最先进科技水平和装备研发能力；从软的方面讲，情报体制机制、情报人员专业素质和情报文化等，均是反映国家情报能力的重要指标。在现代国家体制中，情报已成为一支相对独立的安全力量，作为国家安全体系中重要的职能部门，实现与军事、外交、金融、科技、能源等部门的统筹协调。以美国为例，每一版《国家安全战略》报告都将情报作为增强国家安全能力的重要战略手段进行规划。“9·11”事件后形成了以国家情报战略为核心，含情报与反情报、国防情报、国土安全情报、地理空间情报、信息共享、侦察与监视等多个分支的战略指导体系。2015年版《国家安全战略》报告强调“将扩大对网络、太空以及情报、监视和侦察等重要能力的投资”，而同一年的《国家军事战略》报告将“整合一体的情报搜集、分析与分发”架构视为国家安全战略能力的重要依托。情报工作应当作为国家具有核心竞争能力的产业来经营，要具有其他国家难以模仿的特性，能够为国家参与国际竞争提供强劲、稳定、可持续的动力支持，还要集中国家资源实现情报体系的更新完善与转型升级。

三、研究现状

国内外学者单就国家安全战略或情报问题开展的研究汗牛充栋，流派众多，主题纷呈。然而，真正将二者结合起来，从国家安全战略的角度对情报问题进行系统研究和全面解读的却较少，大多论述仍然只是国家安全战略或者情报问题研究成果中的只言片语。当前有关国家安全战略情报问题的研究集中表现在以下几个方面：

（一）关于国家安全战略情报的历史演进

历史研究是社会科学研究最惯常、最基本的研究方法。学界有关情报史的研究非常多，大多集中在四个方面：一是军事情报史，即以特定战争为背景，从战争进程的叙事角度梳理情报活动历史，例如《第二次世界大战情报史》《中途岛之战：情报的胜利》和《世界大战中的情报战》等。二是情报机构史，即以特定情报机构为对象进行历史梳理，例如《政府通信总部：一部未经审查的英国最隐密情报机构史》[①]《格鲁乌——苏军情报部内幕披

① Richard J. Aldrich. GCHQ: *The Uncensored Story of Britain's Most Secret Intelligence Agency* [M]. Hammersmith, London: HarperCollins Publishers, 2010.

露》《剑与盾：米特罗欣档案与克格勃秘史》[①]《美国战略情报局始末》和《摩萨德：以色列秘密情报组织重大行动》等。三是国别情报史，即以特定国家的情报活动为对象进行历史梳理，例如《斗篷与美元——美国秘密情报史》《“近邻”与“远亲”：新苏联情报史》[②] 和《瑞典信号情报：1900—1945》[③] 等。四是世界情报史，即仅以时间阶段为限制对世界范围内的情报活动进行历史梳理，例如《秘密战五百年》《外国情报史》和《情报的兴衰：一部国际安全史》[④] 等。由于受到特定视角的限制，前三类情报史仅从特定侧面对情报活动的发展演变进行梳理研究，很难全面揭示国家安全战略情报的宏观历史脉络。相对而言，世界情报史研究对情报活动展开的宏观性大纵深梳理，对于全面理解国家安全战略情报的演进历史具有不可替代的特殊意义。例如，在《情报的兴衰》一书中，迈克尔·华纳以历史事实为基础，结合技术发展，从国家安全的角度概要性地梳理了情报活动从古至今的发展过程，并对冷战时期东西方阵营在情报领域展开的斗争与合作进行了详实的解读，对于全面、系统理解国家安全战略情报的发展演进具有独特作用。

（二）关于国家安全战略情报的角色问题

角色是情报在国家安全战略运作体系中的基本定位，主要表现为其在国家安全战略筹划中发挥的作用，具体体现在其在国家

---

① Christopher Andrew, Vasili Mitrokhin. *The Sword and the Shield: the Mitrokhin Archive and the Secret History of the KGB* [M]. New York, NY: Basic Books, 1999.

② Jonathan Haslam. *Near and Distant Neighbors: A New History of Soviet Intelligence* [M]. New York: Farrar, Straus and Giroux, 2015.

③ C. G. McKay, Bengt Beckman. *Swedish Signal Intelligence*, 1900 - 1945 [M]. London: FRANK CASS PUBLISHERS, 2003.

④ 迈克尔·华纳. 情报的兴衰：一部国际安全史 [M]. 黄日涵，邱培兵译. 韩红校. 北京：社会科学文献出版社，2016.

安全战略决策和实施过程中承担的职能任务。角色蕴含着战略情报存在的意义，理应成为国家安全战略情报问题研究的重要内容。然而，或许是因为其太过重要以至于研究者们认为在此问题上不需多言，致使有关情报在国家安全战略体系中扮演的角色研究十分罕见，有关研究大多要么停留在感性层次的断言，要么局限于纷繁具体的任务。例如，在《战略情报：秘密世界的窗口》一书中，约翰逊和沃茨只是简单提及战略情报从过程、结果、组织等多方面为高层人员制定国家对外政策和防卫政策提供信息支持，并提供关于国家关键安全利益的预警系统，对高层决策的长期利益进行评估。约翰逊集众人之力编撰出版的五卷本论文集《战略情报》分别从情报研究常用方法、情报生产流程、隐蔽行动、反情报活动和情报控制等五个方面，对战略情报活动内容进行了系统的梳理和阐述，却唯独没有对战略情报的角色进行细致的分析。该论文集仅第一卷附录 G 中摘选的报告《阿斯平—布朗委员会有关情报的目的和挑战》涉及情报角色问题，指出情报系统的任务是支持美国的外交，监视条约和其他协议的执行情况，支援军事作战行动，协助制定国防计划，服务经济发展，应对威胁美国利益的境外和跨境活动，支持刑事司法，搜集和分析环境信息，搜集和分析世界卫生形势以及执行信息战任务。[①] 伯克维茨和古德曼在《美国国家安全战略情报》一书中也只是在论述情报分析时简单提及战略情报的核心任务是处理四类信息，即了解真相、获取秘密、识别敌方情报欺骗和破解谜团。[②] 相比较而言，国防科技大学国际关系学院刘强教授明显意识到了情报的

---

① Loch K. Johnson. *Strategic Intelligence* [C]. Westport, Connecticut: Praeger Security International, 2007: 261 - 272.

② Bruce D. Berkowitz & Allan E. Goodman. *Strategic Intelligence for American National Security* [M]. Princeton, New Jersey: Princeton University Press, 1989: 86.

角色问题，但由于受到研究课题的限制，他仅从战略情报与国家安全的关系角度对情报的作用展开论述。刘强认为，战略情报是支撑国家安全的关键要素，并从“战略情报是国家安全战略决策的最重要依据”、“战略情报是预防国家安全危机的最重要预警信号”和“战略情报是维护国家安全和拓展国家利益的盾牌与利器”三个方面对其进行了论证。①

（三）关于制约战略情报生产和使用的因素

战略情报的生产和使用是战略情报问题研究的核心。在战略情报问题研究中，有关制约战略情报生产和使用的因素的研究主要集中在两大关系：

一是战略情报系统各生产环节（要素）之间的关系。在情报研究领域，情报系统内部各生产环节（要素）之间的关系通常被理解为情报生产流程（周期）。最初，情报生产流程只是一个由用户需求、搜集信息、分析信息、制造产品、分发产品和用户反馈（需求）等环节首尾相连构成的封闭循环，因此又被称为情报周期。②“9·11”事件后，美国情报界展开情报改革，情报周期理论受到质疑，逐渐被情报生产流程取代。2004 年 10 月 7 日，美军参联会发布的《对军事行动的联合及国家情报支援》（JP2－01）正式引入情报流程概念。情报流程与情报周期包含的要素基本相同，不同之处在于各要素之间的关系不再是简单的首尾相连、依次衔接关系，而是不分先后顺序的网状连接关系。网状连接关系打破了僵化的首尾相连关系，情报生产各环节、要素只需按照生产需求任意发生联系，不再需要经过完整封闭的情报周期

① 刘强．战略预警视野下的战略情报工作［M］．北京：时事出版社，2014：59～68.

② 张晓军．美国军事情报理论研究［M］．北京：军事科学出版社，2007：67～73.

才能实现。[1]

二是战略情报系统与战略决策体制（用户）之间的关系。情报活动并非独立于战略决策和战略实施之外。情报生产完成之后，能否发挥作用，关键在于情报系统与战略决策体制之间的关系，以及战略实施者能够严格执行正确的战略决策。在洛奇·K·约翰逊编著的《牛津国家安全情报手册》中，约翰·A. 简特里（John A. Gentry）在探讨情报效能时指出："情报成功不仅取决于情报组织的活动，还依赖于有效的政策制定以及领导人对外交、国防和军方等非情报机构执行上述政策的监管。"[2] 高金虎在《美国战略情报与决策体制研究》一书中回顾了美国战略情报体制形成的历史过程，着重阐述了总统、中央情报主任与战略情报体制的关系，认为美国国家安全战略情报与战略决策关系畸形是影响情报作用发挥的重要因素。高金虎认为，情报机构持有的传统偏见、情报与决策关系的理论欠缺、决策者的先入之见、情报工作自身存在的缺陷以及实用主义情报分析方法是造成美国情报与决策关系畸形的五个主要原因。[3]

（四）关于战略情报体系转型（改革）问题

冷战结束以来，在时代转型的大背景下，国家安全战略情报体系转型逐渐成为情报问题研究的一大热点。以问题研究的逻辑起点为标准，战略情报转型问题研究大致分为两类：

一是由战略情报失误出发，对战略情报体系存在的具体问题提出针对性意见。由于战略情报失误致使国家安全遭受重大打

---

① Peter Gill, Mark Phythian. From Intelligence Cycle to Web of Intelligence ［C］// Mark Phythian. *Understanding the Intelligence Cycle*. New York, NY: Routledge, 2013: 33 ~ 37.

② John A. Gentry. *Assessing Intelligence Performance* ［C］// Loch K. Johnson. The Oxford Handbook of National Security Intelligence ［M］. New York: Oxford University Press, 2010: 89.

③ 高金虎. 美国战略情报与决策体系研究 ［M］. 西安：陕西师范大学出版社，2004：198 ~ 226.

击，战略决策出现重大失误，美国是此类战略情报体系转型研究的重镇。例如，针对“9·11”事件中出现的情报失误，美国国会参众两院组成联合调查委员会，专门就“9·11”事件前后美国情报系统的活动情况展开调查；为增强调查的权威性，美国国会又通过《2003财年情报授权法案》，设立完全独立的“美国遭受恐怖主义袭击国家委员会”（又称“9·11”委员会），就恐怖袭击前后美国情报、海关、军事、外交及其他安全部门的活动情况展开全面调查。调查报告建议对美国情报界进行彻底改革，并直接推动了《2004年国家情报改革法》、《2004年“9·11”委员会建议实施法》和《2004年情报改革与防止恐怖主义法》的出台。除去美国官方展开的调查研究外，学术界也从情报失误的角度对战略情报体系转型进行了广泛研究。例如，巴里·M·布莱克曼撰写的《情报改革中存在的教训》①，阿瑟·S·霍尔尼克撰写的《美国情报改革：问题与前景》②，约书亚·罗娜和奥斯汀·隆共同撰写的《浅薄理论的危险：情报改革与9/11委员会》③和理查德·L·拉塞尔撰写的《磨砺战略情报》，等等。拉索尔是美国国防大学近东和东亚战略研究中心国家安全事务教授，他在《磨砺战略情报》一书中以美国中央情报局为例，探讨了情报机构在“9·11”事件和评估伊拉克大规模杀伤性武器问题上的失误，认为美国在“9·11”事件后推进的情报改革并不彻底，根本没有触及到整个情报系统存在的实质问题。拉索尔认为，情报失误的根源是系统性的，设立国家情报主任并不能从根本上纠正

---

① Barry M. Blechman. Lessons in Intelligence Reform［J］. *Georgetown Journal of International Affairs*, Winter 2005：139～145.

② Arthur S. Hulnick. U. S. Intelligence Reform：Problems and Prospects［J］. *International Journal of Intelligence and CounterIntelligence*, Vol. 19, No. 2, 2006：302～315.

③ Joshua Rovner, Austin Long. The Perils of Shallow Theory：Intelligence Reform and the 9/11 Commission［J］. *International Journal of Intelligence and CounterIntelligence*, Vol. 18, No. 4, 2005：609～637.

情报失误，简单地改变现有官僚结构并不能根治战略情报存在的问题，必须着眼全局改变整个情报机构的文化和工作方式。[①]

二是从时代转型对战略情报活动构成的挑战出发，就战略情报体系转型展开系统研究。此类研究往往从信息化、全球化或国际体系转型等人类社会发展的大背景出发，就战略情报组织形式、生产方式及其与战略决策系统的关系等入手，就战略情报体系转型提出综合性建议。例如，在《美国国家安全战略情报》中，伯克维茨和古德曼分析了美国情报界面临的挑战，认为“当前美国情报界面临的环境与其建立之初面对的完全不同，未来情报界能否胜任其职取决于其能够在多大程度上适应新的环境。”[②]他们认为，美国国家安全战略情报未来面临的挑战主要表现在三个方面：（1）在越来越短的时间内满足越来越多的情报需求；（2）越来越紧张的情报预算；（3）能够解决未来问题的情报技术与人才。[③] 简氏信息集团（Jane's Information Group）首席执行官罗林顿在《面向21世纪的战略情报：马赛克拼图法》中认为，过去二十多年，信息技术革命已经改变了人类的生活方式，打破了情报系统对信息的垄断权。情报机构应拥有战略眼光，重新审视线性、周期、情景想定和拼图式的工作方法，以求更加客观、准确地反映当前及潜在形势，为政策制定者、执法者等提供情报支援。罗林顿认为，情报组织应当打破传统的情报循环和战略计

---

① 此类研究还有 Saxby Chambliss. We Have Not Correctly Framed the Debate on Intelligence Reform ［J］. *Parameters*, Spring 2005：5 ~ 13. Lan Leigh. Rebalancing Rights and National Security：Reforming Uk Intelligence Oversight a Decade after 9/11 ［J］. *Intelligence and National Security*, Vol. 27, No. 5, 2012：722 ~ 738. Mike McConnell. Overhauling Intelligence ［J］. *Foreign Affairs*, Vol. 86, No. 4, 2007：49 ~ 58. Deborh G. Barger. It is Time to Transform, Not Reform, U. S. Intelligence ［J］. *SAIS Review*, Vol. 24, No. 1, 2004：23 ~ 31. 等等。

② Bruce D. Berkowitz & Allan E. Goodman. *Strategic Intelligence for American National Security* ［M］. Princeton, New Jersey：Princeton University Press, 1989：28.

③ Bruce D. Berkowitz & Allan E. Goodman. *Strategic Intelligence for American National Security* ［M］. Princeton, New Jersey：Princeton University Press, 1989：172.

划模型，建立新的适应当前电子环境的信息和情报模型，改变传统的金字塔型组织结构，建立更加网络化、更具协作精神的互联互通的组织结构。[①] 姚祖贵在《美国国家安全暨情报机制》一书中从新制度主义的视角探讨了美国国家安全战略情报机构的改革问题，认为“实施情报改革必须求取制度平衡、兼顾国家权力与人民监督的互利”[②]，并指出“任何一个因应环境的变化和时势的需要，推动情报机制的重组与改革方案故然重要；而主导国家暨情报工作的负责人与重要官员，能在改革心态上，先怀有放弃自己单位个别绩效与私利的正确思维，更是关键；亦唯有如此，才能共维国家整体安全的目标。”[③] 等等。[④]

① Alfred Rolington. *Strategic Intelligence for 21st Century: The Mosaic Method* [M]. Oxford: Oxford University Press, 2013: 4.

② 姚祖德. 美国国家安全暨情报机制——911 后之兴革 [M]. 台北: 时英出版社, 2012: 7.

③ 姚祖德. 美国国家安全暨情报机制——911 后之兴革 [M]. 台北: 时英出版社, 2012: 912.

④ 此类研究还有 Gregory F. Treverton. *Reshaping National Intelligence in an Age of Information* [M]. Cambridge: Cambridge University Press, 2001. David J. Lonsdale. William E. Odom. *Fixing Intelligence: For a More Secure America* (Second Edition) [M]. New Haven, CT: Yale University Press, 2004. Mark M. Lowenthal. A Disputation on Intelligence Reform and Analysis: My 18 Theses [J]. *International Journal of Intelligence and CounterIntelligence*, Vol. 26, No. 1, 2013: 31 ~ 37. Frederic Grare. *Reforming Intelligence Agencies: Pakistan's Transitional Democracy* [M]. New Delhi: Manas Publications, 2011. Laurie Nathan. Lighting up the intelligence community: An agenda for Intelligence Reform in South Africa [J]. *African Security Review*, Vol. 18, No. 1, 2009: 91 ~ 104. Thomas C. Bruneau. Intelligence Reform in Brazil: A Long, Drawn-Out Process [J]. *International Journal of Intelligence and CounterIntelligence*, Vol. 28, No. 3, 2015: 502 ~ 519. Yoshiki Kobayashi. Assessing Reform of the Japanese Intelligence Community [J]. *International Journal of Intelligence and CounterIntelligence*, Vol. 28, No. 4, 2015: 717 ~ 733. 祝信, 徐莲. 冷战后日本情报改革的经验和教训 [J]. 解放军外国语学院学报 (社会科学版), 第 1 卷第 2 期, 2010: 41 ~ 45. 宁洪波. 普京情报改革评述 [J]. 江南社会学院学报, 第 14 卷第 3 期, 2012: 18 ~ 21. 张光新, 方珂. 浅析 “9 · 11” 后日本情报改革的主要措施 [J]. 解放军外国语学院学报 (社会科学版), 第 1 卷第 2 期, 2010: 36 ~ 40. 等等。

（五）对国内外研究现状的总体评价

国家安全战略情报问题已经引起了众多国内外战略问题研究者和情报问题研究专家的关注。他们对国家安全战略情报问题的许多具体方面进行了深入研究，取得了许多成果。然而，由于诸多原因，当前研究仍然存在有待解决的问题：

一是需要拓展普遍性参考价值。当前研究多以某个特定国家（如美国）的国家安全战略情报问题为研究对象，研究成果一般具有特定针对性，比对缺乏具有普遍适用性的研究成果。例如，就国家安全战略情报管理来说，以美国为主的情报研究者将其研究视角置于美国三权分立的政治结构之中，并因此而过分倡导情报监督的意义和价值，甚至给予其不低于情报管理的地位。近年，此类具有具体针对性的研究有随着美国情报研究的成果扩散而向世界蔓延的趋势。然而，由于其研究对象不具普遍意义，其研究成果也具有较大的局限性，不具备普遍参考价值。国家安全战略情报问题研究本身存在许多普遍性问题需要解决，深入研究某一特定对象的国家安全战略情报问题，或有助于具体问题的解决，但若局限于此，而不做普遍性思考，则难以从根本上探究如何使情报更好地服务于国家安全战略筹划。

二是需强化战略性研究视角。国家安全战略情报问题研究是战略学与情报学相互交叉的研究领域。开展国家安全战略情报问题研究既需要有情报专家敏锐的洞察力和严谨的分析研判能力，也需要战略研究者化繁为简的问题意识和统揽全局的战略视角。然而，现实情况是，从事国家安全战略情报问题研究的多为情报学者，鲜有战略研究者涉足情报领域，他们大多止步于对国家安全战略情报重要性的简单强调。身为情报专家的研究者虽已意识到了国家安全战略情报问题研究的重要价值，但由于缺乏统揽全局的战略视野，较少从满足国家安全战略制定、实施、评估和调整需要的全局性宏观视角出发，在国家安全战略架构内研究情报问题。个别试图协调战略与情报研究双重身份的人，却极易陷入失去自我的“精神分裂”状态。如同约翰·罗伯特·弗雷斯在其《情报与战略》一书前言中所感慨的：“我从来都无法确知，自己到底是一名精于情报的战略历史学家，还是一名研究战略的情报学者。”①

三是还应更多尝试系统性研究范式。既有国家安全战略情报问题研究多聚焦于某一具体问题，如对情报分析方法、情报管理体制、情报文化、反情报活动、隐蔽行动等进行专题研究。此类研究或可对某一问题进行精深的探讨，但也会由于缺乏系统性研究范式，而止步于“就事论事”和“头疼医头，脚疼医脚”，从而造成研究成果庞杂繁乱但实际效用有限。就国家安全战略情报问题研究而言，由于缺乏立足于国家安全战略与情报之间关系的系统性研究范式，当前研究大多为针对某一问题的“专题研究”或是针对许多问题的“专题研究堆积”，从而缺乏针对国家安全战略情报问题的系统探索。例如，在探讨国家安全战略与情报之间的关系时，或偏重战略，或偏重情报，而罕有对二者关系进行系统化考察的研究；在对当前情报系统面临的挑战进行分析时，多为孤立探讨信息技术对情报活动造成的冲击，而较少提及国家安全战略转变对情报产生的影响；等等。

国家安全战略情报问题研究与战略研究和情报研究紧密相关，以两门学科的交叉领域为研究对象。两相比较，战略研究更加偏重对宏观大局的把握，情报研究则比较重视在精深细微处下

① John Robert Ferris. *Intelligence and Strategy*: *Selected Essays* [M]. Abingdon, Oxon: Routledge, 2005: Introduction 1.

工夫。开展国家安全战略情报问题研究应尽可能做到对上述两门学科研究方法的兼容并蓄，以期得出科学、客观，具有理论和实践双重意义的研究成果。

第一章

国家安全战略情报的历史演进及启示

在时间的维度上，一切事物都是过程的集合体。厘清事物本身的发展历程，探究不同阶段事物的发展特点，有助于深入把握事物的基本发展规律，从而更深入地理解事物的现状，更准确地把握其未来走势。情报是一种社会现象，来源于人类社会的创造性劳动，受制于人类社会的实践活动。[①] 结合人类社会历史发展的阶段特征和情报演进的时代特点，概略性地梳理农耕时代、工业时代和信息时代情报活动的缘起、发展和转变，有助于对情报演进的历史启示进行归纳总结。

第一节　农耕时代的国家安全战略情报

如同战略起源于对战斗的使用一样，国家安全战略情报的产生最早可以追溯至早期人类社会实践活动的初始情报需求。随着社会组织形式的演变，情报的服务对象日益多元，情报本身也因之而衍生出多种类别，例如服务日常生活（产）的生活性情报和

① 靖继鹏，马费成，张向先．情报科学理论［M］，北京：科学出版社，2013：188.

服务于国家安全的战略情报。

一、情报活动的产生

人类开展情报活动的历史与人类的发展相伴而生。在早期的社会实践活动中，人类经常自发地搜集、传递和使用有关生活（产）的情报。早期的情报活动较为原始，主要是族群内部成员相互通报有关吃、住等维持人类生存所必须的稀缺资源情况以及危及生命安全的警戒消息。在中国上古传说中，为发展农业，共工氏曾长途跋涉，亲自探察九州山川的土地情况，以查明既方便水利灌溉又不易遭受洪水侵害的适合农业种植的田地。田地是一个农耕型族群最主要的生存资源，因此，对所在地区田地情况的掌握就成了早期农耕族群情报活动的主要内容。与此相应，获取一切有关草原植被生长和海洋鱼群水产活动的知识就分别成为早期人类游牧族群和海洋族群情报活动的主要内容。

有文字记载的情报活动，最早始于对自身安全状况的担忧。在东方，据《左传·哀公元年》记载，公元前21世纪，为躲避过的迫害，确保自身安全，夏朝少康派遣女艾和季杼分别打入过、戈两国内部进行情报侦察，为打败过浇、消灭寒浞、夺回王位奠定了基础。在西方，据《圣经》记载，上古时期洪水泛滥，诺亚自造方舟携带家人及飞禽走兽在洪水之中漂泊。为查明洪水带来的安全威胁何时消退，诺亚从方舟中放出鸽子查看水情，并根据鸽子衔回的新鲜橄榄枝判断洪水已经退落。

对未知世界的好奇是推动情报产生和发展的又一原始动力。大自然向一切生灵展示它的自性，但却将其隐藏在表象之中。正如柏拉图在《理想国》中提出的洞穴隐喻①中的囚犯一般，人类始终怀有认知洞穴之外世界真相的好奇心。例如，在东方，根据《易经·系辞下传》记载，上古时期中华民族的“人文始祖”伏羲，怀着探寻自然运行机理之好奇，“仰则观象于天，俯则观法于地，观鸟兽之文，与地之宜，近取诸身，远取诸物”，创制八卦，以通神明之德，以类万物之情。

综上所述，对稀缺资源的渴望、安全状况的担忧和未知事物的好奇是催生情报产生、发展的三大基本动力。对稀缺资源的渴望促使社会行为体积极掌握各类资源分布情况，以争取生存竞争的主动优势；对安全状况的担忧迫使社会行为体竭力探知威胁来源及类型，以避免遭受恐惧的侵袭；对未知事物的好奇诱使社会行为体主动探索事物本质，以廓清内心深处的迷雾。人类早期，由于尚未创制文字，情报只能以口耳相传的方式进行传递，情报活动十分简单，仅限于“眼观耳闻”。

二、国家安全战略情报的产生

在人类社会发展过程中，社会组织形式不断演进，社会行为体日益多元化。随着人口数量的不断增长，维持人类生存发展的各类资源的稀缺性日益凸显，人类社会诉诸武力的事件越来越频繁，氏族社会开始解体，并被能够更高效地聚集和释放群体力量、赢得武力斗争的国家所取代。国家开始成为情报的最大需求者、生产者和使用者。相应的，情报逐渐分化为以国家统治（治

① 柏拉图在《理想国》中提出的洞穴隐喻大意是指：有一个洞穴，里面住着一群囚犯。他们身体被缚、动弹不得，只能背对洞口，面朝穴壁。囚犯的身后是一群被操纵的木偶，木偶的后面是一堆燃烧的篝火。这群人从未走出过洞穴、见过外面的世界，他们终日看到的只是被篝火投射到面前穴壁上的木偶影像。参见柏拉图．理想国［M］．张竹明译．南京：译林出版社，2012：242～243.

理）者为服务对象的国家安全战略情报（简称“战略情报”）和以一般民众、社团为服务对象的生活（产）性情报。由于此时危及国家安全的威胁主要来自战争，这一时期国家安全战略情报的内容集中表现为为战争服务的军事情报。

在中国，夏朝末期自孔甲起君主荒淫无道，国力渐衰，至桀时更甚，民怨沸腾，诸侯反叛。彼时，商汤部落顺势而起，先后攻灭葛、韦、顾、昆吾等国，国力日盛，有意取代夏朝。为准确掌握夏朝情况，商汤五次派遣伊尹进入夏都观察夏朝国情民情，离间夏朝君臣关系。经过侦察，伊尹不仅准确掌握了夏都安邑的军事布防情况，而且还成功策反夏桀的妃子妹嬉，为及时了解夏朝宫廷内情创造了条件。公元前1766年左右，在充分掌握夏朝内外情报的情况下，商汤兴兵伐夏，一举击败夏桀建立商朝。公元前11世纪，商王帝辛登极后，好大喜功，刚愎自用，欲建不世之功，对内大兴土木工程，对外连续用兵征战，国力大损，民生凋敝。渭河流域周部落武王韬光养晦、励精图治、任用贤能，国力日渐强大，伺机征伐殷商。为此，武王专门指派吕尚负责侦察商朝军政情报。吕尚通过“相敌”“动敌”之法获取商朝军情，并亲自潜入商都朝歌探究政情民情。公元前1046年①左右，在掌握商朝作战主力尽数东征、管辖诸侯普遍离心、贤能才干纷纷出走、平民百姓极度怨恨等国家安全情报的基础上，周武王兴兵伐商，在牧野大败纣王。

在中东，根据《圣经》记载，公元前1350年左右，不堪忍受法老压迫的犹太人在摩西带领下逃离埃及。在抵达迦南之前，摩西选拔了12位精明能干之人前出探听迦南土地物产、民众多寡、城防强弱等相关情报。临行前，摩西吩咐：“你们要勇敢、

---

① 关于武王伐纣的具体时间，史学研究仍然存疑，公元前1046年是学界认可程度较高的考证时间。

细致地调查迦南是什么样的地方。那里的民众是强是弱，是多是寡；那里的土地是肥沃还是贫瘠；那里的城防是严密还是疏漏。”[①] 此次侦察被认为是人类历史上第一次系统的情报活动，它涵盖了满足战略筹划的绝大部分情报需求，即在作出战略决策前需要率先掌握有关国家的军事实力、经济情况和国民素质等。公元前 1312 年，埃及法老拉姆泽斯二世与赫梯人在叙利亚北部的卡杰什城郊交战。赫梯人派遣两名士兵假意逃离军营，向法老谎报军情。法老未经甄别，轻信敌情，做出错误决策，向敌人发起盲目进攻，结果身陷重围，差点全军覆没。

在地中海区域，公元前 1193 年，希腊半岛上的迈锡尼王国（古希腊人）为争夺海上霸权，与特洛伊人爆发冲突。战争爆发十年后，双方仍然未能决出胜负，迈锡尼王国元气大伤。为避免继续劳民伤财，希腊英雄奥德修斯设计“木马计”，在希腊大军假装撤退之际留下一匹巨大的木马。希腊人在木马内藏 20 名勇士，然后派人传递假情报给特洛伊人，谎称木马是用来祭祀雅典娜的神马，如果能够长留特洛伊城，就会给特洛伊人带来神的赐福，并使城堡坚不可摧。特洛伊人不知是计，将木马当作战利品拖入城中。深夜，20 名勇士从木马中杀出，杀死守军打开城门，放入附近隐藏的大批希腊军队。固若金汤的特洛伊城就此土崩瓦解。在历时十年的特洛伊战争中，希腊军队之所以能够赢得最终胜利，关键是特洛伊人落入“木马计”的圈套；而“木马计”的成功，关键在于使特洛伊人相信木马对其有利。最终，设计假情报诱使敌人做出错误判断成为这场战争胜败归属的关键。此外，根据荷马、维吉尔和埃斯库罗斯的记载，特洛伊战争期间，希腊人已经开始使用烽火传递情报。通过烽火传递，远在 600 多千米

---

① Jock Haswell. *Spies and spy masters: A concise history of intelligence* [M]. NewYork, NY: Thomas & Hudson Company, 1977: 8.

之外的克吕泰涅斯特拉（阿伽门农之妻）在特洛伊城陷落当天就得到了消息。然而，由于烽火传递情报成本极高，且信息容量极小，只能传递经过事先约定的非此即彼式的二元选择情报，故其使用范围极其受限。

国家出现后，战略情报成为服务于国家统治集团战略决策的重要辅助。随着情报作用在武力冲突和战争中的显现，战略情报活动逐渐成为战略决策和军事行动不可或缺的支撑，其生产方式相较以往更加系统，使用方法更加多样。然而，由于受到国家组织形式和观念认知的限制，早期的战略情报活动仍然比较原始，只是作为军事、政治斗争等其它重大社会活动的依附而存在。尽管有些地方的军队，例如中国周武王时期吕尚统帅的军队，设置了以从事情报搜集为主的辅佐人员①，但仍然具有极强的个人色彩。就国家而言，仍然没有编制从事情报生产的专职人员和专职机构。

三、国家安全战略情报的早期发展

在战争及其他国家安全威胁的驱动下，以军事组织为代表的国家安全武力部门队伍不断壮大，任务分工不断细化，组织结构日益严谨。与此相应，国家安全战略情报的主要内容仍然是军事情报，但其需求、生产和使用出现分层趋势，逐渐区分为服务于国家安全战略的战略级情报和一般性战术级情报。战术级情报多为服务于战斗或小规模战役的军事情报。例如，《孙子兵法》中有关敌情判定的分析，“众树动者，来也。众草多障者，疑也。

① 根据《六韬》记载，周武王曾向吕尚请教统帅军队的方法，吕尚指出，统帅军队时应广设“地利”“耳目”“游士”和“羽翼”等从事情报活动的辅佐人员。

鸟起者，伏也。兽骇者，覆也。尘高而锐者，车来也。卑而广者，徒来也……先暴而后畏其众者，不精之至也。”国家安全战略情报主要是为国家安全战略筹划服务，内容多以战略级军事情报为主，零星涉及战略对手的部分政治性情报。同样，《孙子兵法》指出，“不知诸侯之谋者，不能豫交。”由此可见，春秋时期，伴随着战略与战术的分层，情报也开始区分为服务于“庙堂”的战略级情报和服务于作战的战术级情报。

文字出现并日渐普及后，情报的存储、传递不再受限于语言式的口耳相传，情报活动日渐丰富、高效。为解决国土面积辽阔带来的情报传递效率问题，农业时代的中国建立了当时世界上最先进、高效的情报传递系统。这套系统由两大部分构成：一部分由建于边境高山之上数量众多的烽火台组成，主管战略威胁预警。中国的烽火预警系统始于周朝，战国时期得到了广泛使用，到汉代已经发展成为比较完备的边塞战略预警系统，情报一昼夜可传递2000里；另一部分是由覆盖全国的邮传驿站组成，负责官方文书的上传下达。秦始皇统一中国后，“车同轨，书同文”，建立了以咸阳为中心的驿站网，制定了邮驿律令，大大提高了情报传递速度。发展至唐代“安史之乱”时，驿站情报传递速度已达每天400里；至清代则达到了800里。隋唐时期，有关边塞安危的战略预警情报开始采用双轨传递制度，即边塞将士发现敌人进攻迹象后，除了需要通过烽火台预警系统传递情报外，还需向所在州县报告，通过驿站系统传递情报。两套传递方式互为补充，为农业时代中国历代王朝的统治和安全发挥了重要作用。

情报存储和传递媒介的多样化，使得情报获取手段不断丰富，不再仅仅局限于情报人员眼观耳闻式的搜集活动。例如，书信形式的情报传递使邮检成了一种高效的战略情报获取手段。最早的邮检行为可以追溯至亚历山大治下的马其顿帝国。公元前334年，马其顿军团远征波斯途中，军中出现骚乱。为查明混乱来由，亚历山大宣布废止士兵与家属通信的禁令，并命令信使在信件发出后仔细检查每一封信。通过邮检，亚历山大不仅发现了士兵不满的原因，而且找到了那些私下反对他的人。公元前207年，罗马军队统帅西庇阿通过截获迦太基将领哈士多路巴写给汉尼拔的信，获悉汉尼拔的作战计划，进而挫败了汉尼拔的图谋。这或许可被看作是一种极端形式的邮检。然而，由于交通不发达，国家之间交往较少，书信来往不多，农业时代通过邮检获取情报只能偶尔为之。

进入中世纪后，欧洲的情报活动再未取得重大发展。在基督教的统治下，借着神的名义，罗马教廷无需建立专职情报机构便可获取他想得到的情报。信徒的祷告和忏悔成了教廷获取情报的基本来源。通过在国王身边安置忏悔牧师、向各国派遣红衣主教担任枢密大臣，欧洲各国的一举一动都难以逃脱教廷的掌控。此外，罗马教廷还利用各种跨越国界的修士团体（修会）在传播“福音”的过程中刺探情报。公元1231年、1234年，先后两批“多明我”修会成员以传播“福音”的名义前往蒙古，窥探蒙古大军的动向。罗马教廷的情报活动表明，信仰这样一种强大的力量，即使在情报活动领域也能够发挥出不可替代的作用。抛却上述罗马教廷情报活动的特色，中世纪欧洲情报活动的意义仅仅在于增加了一些情报史案例，对于推动情报本身的发展实在乏善可陈。

在情报需求激增的情况，情报实践活动不断拓展，战略情报开始分化为服务于战略决策的战略级情报和服务于一般军事行动的战术级情报。情报传递、获取、分析和使用的方法和途径出现了一些有益的创新，相对系统的情报理论率先出现在东方的中国。但从总体来看，农业时代的情报活动仍然十分原始，情报传递效率仍然相对低下，[①] 情报搜集手段虽然开始超越近距离的眼观耳闻活动，但还不具备普遍意义；信使仍然是最主要的情报传递方式。此外，受到战争因素的刺激，战略情报多以军事情报为主，零星涉及政治情报，罕有经济情报活动。这就直接造成了情报工作的阶段性特点，即战时活动频繁，而和平时期则相对萧条，甚至可有可无。这一时期仍然没有产生常设性专职情报机构，战略情报工作仍然处于初级阶段。

第二节　工业时代的国家安全战略情报

自文艺复兴和宗教革命打破了中世纪天主教会的思想枷锁之后，罗马神权逐渐被来自民族国家的世俗权力取代，欧洲率先进入工业时代，领世界风气之先。在经济利益的驱使下，欧洲大国借自由贸易之名、挟坚船利炮之威，强行将整个世界都纳入到工业实力主导的利益链条之中。与农业时代相比，国家之间的交往日益频繁，全球化进程启动，国家安全面临的外部环境日趋复杂，域外国家（尤其是大国）开始成为国家安全战略筹划不得不考虑的重要外部因素。为满足工业时代的国家安全战略需求，在新技术和新兴生产方式的基础上，国家安全战略情报工作越来越复杂，实践活动愈加丰富多样。

一、战略情报机构常态化

在西方国家跟随利益的诱惑在世界范围内大肆抢占原材料产

① 根据公元前1世纪苏维托尼乌斯的记载，尤利乌斯·恺撒就经常“本人已经大驾光临，而提前派出宣告消息的信使却还在路上。”参见 G. Suetonius Tranquillus. *The Lives of the Caesars* ［M］. trans. John C. Rolfe. Cambridge, Mass.: Harvard University Press, 1998: 87.

地和商品市场的时候，他们不仅需要探索远方的未知世界，还需要时刻防范来自其他利益争夺者的挑战，确保国家安全。农业时代临时性、应变式的情报组织和实践活动再也无法满足工业时代复杂多变的国家安全战略需求，设置常态化情报机构逐渐成为各国构筑国家安全战略体系的共识。英国、法国、德国、美国、苏联、日本等国先后建立了自己常态化的国家安全战略情报机构。因为战争仍然是国家安全面临的首要威胁，军事情报机构成为多数国家最早建立的常态化情报机构。

以英国为例。1855 年，由于对克里米亚半岛和敌情缺乏基本了解，英军在克里米亚战争中连遭败绩。为扭转战局，英国陆军部建立了历史上第一个常态化军事情报部门——地形测量暨统计局。1873 年，地形测量暨统计局改编为情报科，专门负责搜集、整理外国军事情报。情报科虽然名义上是军事情报机构、隶属陆军部，但其服务对象已经远远超出了战争的范围，成为大英帝国对外扩张的先锋。为应对沙皇俄国南下扩张，情报科在印度西姆拉建立分支机构，专门搜集印度边境沙俄相关情报。在英国殖民瓜分埃及时，情报科率先整理编撰了长达 400 页的《埃及手册》，内容大至军队的战斗序列，小到当地的面包产量都有涉及，可谓无所不包。由于表现出色，1888 年陆军部情报科升级为情报处，后又升格为情报部。随着英国海外贸易的拓展和殖民地的扩大，英国海军担负的任务越来越重，亟须建立一个类似陆军的常态化情报机构协调海军情报活动。为满足现实国家安全需求，1887 年英国海军成立情报部。1899 年，英布战争爆发，大英帝国耗时 3 年、先后投入 45 万正规军才终于战胜德兰斯瓦尔和奥兰治两个布尔人共和国。战后，英国议会成立“南非战争皇家委员会”检讨英军在战争中存在的问题，发现政军高级官员轻视情报的态度是导致英军在战争初期严重受挫的重要原因。[①] 1902 年，英国建立帝国防务委员会，专门负责制定军事战略和协调情报活动。1909 年，帝国防务委员会设立秘密勤务局（SSB），下设第五军事情报组织（MO5）担负反间谍职能、国外情报处负责在境外搜集各类情报。前者即现今英国安全局（军情五处，MI5）的前身，后者则是秘密情报局（军情六处，MI6）的前身。为进一步加强情报协调，1936 年建立联合情报委员会。至此，英国大致建成了工业时代情报系统的基本架构，往后有关情报机构的改组和调整都是对此架构的完善，并未有任何超越这一架构的实质性突破。

与英国相仿，法国、德国、美国、俄罗斯（苏联）和日本等国在构建工业时代的国家安全战略体系时，无一忽视情报机构的建设。他们建设常态化战略情报组织的过程或有早晚之别、细节之差，但毫无疑问，常态化的情报机构开始成为国家安全战略体系不可或缺的组成部分。

二、战略情报生产程序化

设置了常态化的国家安全战略情报机构后，效率问题开始显现。农业时代的情报机构多根据具体任务需求而临时组建，具有很强的针对性，并且任务结束时组织的存在也就随即终结，基本不存在效率问题。与临时性机构不同，常设机构多以较为抽象的使命为存在前提，在长期的运转过程中相对缺乏具体的任务牵引，因此较易造成机构运行的冗余低效。特定时代产生的问题，

① “南非战争皇家委员会”调查发现，布尔人战前情报经费为 286000 英镑，而英国陆军情报部全部预算仅 2 万英镑，且只有 2000 英镑用于南非方向；战争初期，殖民大臣约瑟夫·张伯伦认为陆军情报部有关布尔人军事实力的情报不可信，因而反对向南非增派部队，导致英军初期孤立无援。参见陈国华，高金虎．外国情报史［M］．南京：南京大学出版社，1993：24.

自有特定时代的解决方法。工业时代，机器工厂通过将工人绑定在机械化的流水线上，强制建立起以分工与合作为基础的程序化生产机制，从而使制造业的生产效率得到了质的飞越。受到工业制造流水化生产的启发，战略情报组织开始向程序化生产转变。

以美国为例。第一次世界大战期间，美国军事情报领域开始将情报生产过程划分为搜集、整理和分发三个部分。一战结束后，由于受到孤立主义的影响和经济危机的打击，美国国家安全战略情报发展受挫，情报经费和情报人员大幅缩减。以陆军情报部来说，停战前情报部有1441名工作人员，停战后工作人员大幅裁撤，到1922年，只剩下90人。为确保情报服务的质量，情报系统通过采取细化分工、加强协作的方式提高生产效率。20世纪20年代，美国军事情报部门开始对之前情报生产过程的三个环节进行修正，正式将其划分为相对独立但又相互关联的四个部分，即提出情报需求、开展情报搜集、进行情报分析以及情报分发使用。1940年，美国陆军制定的军事情报基础战地手册（FM 30－5）已经开始包含以“信息搜集”“信息校对整合”“情报翻译与评估”“敌情评估”和“情报分发”等为名的章节。[1]

第二次世界大战期间，为进一步加强情报资源协调，提高情报生产效率，美国于1941年春创建情报协调局，后又在此基础上建立战略情报局（Office of Strategic Services，OSS），辅助参谋长联席会议进行秘密情报研究和颠覆活动。二战结束后，在汲取战略情报局工作经验的基础上，新成立的中央情报局开始将情报生产过程中不断重复的各个环节看作是一个首尾相连、相互衔接的循环周期。1948年，罗伯特·格拉斯（Robert Glass）和菲利浦·戴维森（Philip Davidson）在二人合著的《情报服务于指挥官》

① Michael Warner. The past and future of the Intelligence Cycle［C］// Mark Phythian. *Understanding the Intelligence Cycle*. New York，NY：Routledge，2013：12.

(*Intelligence Is For Commanders*) 一书中首次提出“情报循环/周期”(intelligence cycle) 这一概念。战后，随着情报研究的兴起，情报周期逐渐发展成为情报理论的一大核心概念，且衍生出许多新的流程模式。然而，不论这些新出现的情报生产流程如何变化，程序化的生产理念已经成为各国情报界指导、分析和研究情报问题的共识。

三、战略情报工作专业化

战略情报工作专业化是历史发展的必然要求。随着科学技术的快速发展及其在情报领域的运用，战略情报工作变得越来越复杂，没有经过专业培训的人员越来越难以胜任情报工作。常态化的战略情报机构设置和程序化的战略情报生产为战略情报工作专业化发展创造了条件。常态化的战略情报机构设置，使得情报人员可以避免因情报机构的变动而事业中断，从而能够在长期工作中逐渐积累经验；程序化的生产流程则要求情报人员在分工与合作的基础上，完成特定战略情报生产环节的相应任务，从而使其更易熟练掌握相应岗位的专业技术。

现代意义上的密码破译工业产生得较晚，但却是情报领域较早实现专业化的工种。由于拥有较高的技术含量，密码破译工作在其诞生之初就表现出较强的专业性，只有经过专门培训的极少数人能够掌握这一技能。进入工业时代以后，随着通信编码技术的发展，密码破译工作成为情报工作中最先实现专业化的工种。19 世纪末 20 世纪初，无线电报的运用使密码编制技术大幅革新，密码破译遂成为情报生产的一个重要环节。第一次世界大战（简称“一战”）期间，截获并破译通信情报成为情报工作的重要内容，其作用和地位在第二次世界大战（下简称“二战”）中得到大幅加强。二战期间，参战之初，美国海军约有 700 人从事信号情报工作，至战争结束时，这人数已激增至6000人；这一期间，陆军信号情报人员更是增加了30倍，从参战时的331人增加至战争结束时的10609人。[①]

即使是情报领域历史最为悠久行业——人力情报（谍报）[②]，在情报工作复杂性不断提高的情况下，也开始朝着专业化方向发展。由于谍报工作任务难度越来越大，间谍也不得不经过越来越复杂的专业培训才能胜任。据信，世界情报大国美国一般需要七年时间才能将一名谍报人员培养成为行家里手。[③] 二战期间，由于态势紧张，许多情报机构来不及对招募的情报人员进行严格培训，只能在简单训练后就将其派至敌后执行任务。这些缺乏专业培训的谍报人员多在抵达目标地点后很快就暴露，生存率极低。英国秘密情报局一位名为伊丽莎白·索普（Amy Elizabeth Thorpe）的谍报人员，在想尽各种办法潜入维希法国大使馆后，却因无法打开保险柜而功亏一篑。

情报工作专业化要求与之相适应的情报人才培养方式。二战期间，由于对专业情报人员的需求倍增，情报人员短缺问题广泛存在。为解决该问题，苏联、美国、德国、英国等国先后建立了专职情报培训学校。二战结束后，各国对情报人才培养的重视并未因战争的停止而削减。反之，相对和平的环境为各国完善情报人才培养体系创造了稳定的外部环境。以美国为例。1946年6月海军在华盛顿阿那科斯提亚（Anacostia）海军基地建立海军情报

① 戴维·卡恩．破译者［M］．艺群译．北京：群众出版社，1982：271～272.

② 谍报工作被认为是人类历史上第二悠久的职业。参见 Philip Knightley. *The Second Oldest Profession: Spies and Spying in the Twentieth Century* [M]. London: Pimlico, 1986.

③ 马克·洛文塔尔．情报：从秘密到政策［M］．杜效坤译．北京：金城出版社，2014：135.

学院；是年 12 月，陆军战略情报学院在五角大楼开班授课。1961 年 8 月，国防部成立国防情报局，全面统管国防部情报工作。为整合国防情报培训资源，1962 年 2 月 27 日，国防部决定合并海军情报学院和陆军战略情报学院，成立国防情报学院（Defense Intelligence School），隶属国防情报局。为进一步完善情报人才培养体系，国防情报学院先后于 1973 年获得情报学学士学位、1980 年获得战略情报学硕士学位授予权。情报人才培训纳入高等教育体系，标志着情报工作专业化已经成为大众普遍接受的事实。

在西方国家面向世界、奋力创制工业时代的规章制度的时候，矗立在东方的中国王朝仍然固守农业时代的传统，在强化皇权、闭关自守的道路上越走越远。就国家安全战略情报系统而言，一方面，强化皇权带来的专制化倾向，致使中国难以形成常态化、专业化的情报机构，只能充当权力拐杖，依附权力而存在。在皇权专制的情况下，由于缺乏长期性的制度安排，情报组织的作用严重依赖于其负责人在整个皇权架构中的地位，即负责人与最高统治者——皇帝本人的关系，因此无法形成长期稳定的常态化组织形态，而只能是一些具有临时性的组织机构，或者充其量是一些能够维持较长时间的临时性机构。另一方面，闭关自守所导致的内向化趋势，使得情报组织丧失了对外情报功能，战略情报意识不断退化，最终蜕变成为一个以内部监视为手段，维护皇权统治的暴力机关。例如明朝时期的厂卫机构，与其说它们是国家情报机构，不如说它们是具有部分情报职能的皇权暴力机关。长此以往，由于长期依附于权力，且完全内向，缺乏“向外看”的动力，致使战略视野越来越狭窄，只知自己是“天朝上国”，而完全不知道外部世界正在发生的剧变，终日孤芳自赏。因此，鸦片战争爆发后，清朝政府才会有中国正在遭受“三千年未有之变局，三千年未有之强敌”的感慨；以“清、慎、勤”相标榜的清朝统治者道光皇帝才会向大臣提出这样的问题：“究竟该国地方周围几许？英吉利至回疆各部有无旱路可通？平素有无往来？与俄罗斯是否接壤?”两江总督牛鉴见到英国轮船时，才会“疑其轮系牛拉”，在他人将实情相告后，仍然“疑信未决”，直到亲眼见到“火轮机关”后，才“叹而信之”。当工业时代世界各国联系越来越紧密、国家安全越来越强烈地受到外部因素影响时，聚焦于维护内部皇权统治的王朝政治，一旦遭受外部力量的侵犯，无不显得措手不及、脆弱不堪。

工业时代，各国相继建立了常态化、程序化和专业化的国家安全战略情报系统。常态化是对国家安全战略情报需求持续化的反应，专业化是对国家安全战略情报工作复杂化的反应，程序化则是工业时代的效率精神在情报工作中的反应。常态化、程序化和专业化的战略情报系统经受了两次世界大战的洗礼，在战争中展现了自身的优越性，并在战争中不断得到修正和完善。然而，在人类社会加速演进的大背景下，当信息时代以前所未有的速度不期而至时，工业时代的战略情报系统似乎仍未完全成熟就已经开始显得力不从心了。

第三节　信息时代的国家安全战略情报

在工业文明的基础上，信息与通信技术（Information and Communications Technology，ICT）的创新造就了信息时代。通信技术的发展奠定了全球网络互联的基础，计算机技术的革新提供了高速信息处理的能力。两相结合，人类社会以前所未有的速度跨入新时代。信息时代，知识以近乎实时的速度，跨越任何地理和文化上的界限，在全球范围内的各个社会单元之间高速流动。知识跨区域、跨阶层、跨领域传播，不仅打破了地理空间上存在的各类横向壁垒，而且消解了社会结构上潜在的各类纵向壁垒，同时弥合了由于门类分工而产生的领域（行业）疏离。在信息时代的急剧变革中，国家安全面临前所未有的挑战。工业时代，贸易将商品所到之处尽数征服，强行将各国纳入西方主导的经济体系；信息时代，网络将信息触及之物一一链接，自行将各类实体融合构建成为世界体系。信息与通信技术的快速发展，使得越来越多的人类个体开始融入社会网络，人类社会真正开始由一个抽象概念转变成为客观现实。处在社会网络上的每一个人都不再是单独的个体，而是相互影响、相互作用的整个网络的一部分。相应地，世界不再只是由国家构成的国际社会，而是由国家、超国家、次国家行为体，乃至每一个人类个体构成的世界体系。安全不再只是国与国之间的高级政治，而是所有行为体共同塑造的结果。在世界体系这张大网中，“蝴蝶效应”表现得越来越明显，安全的维度无限拓展，维护国家安全变得越来越复杂。

一、战略情报内容复杂化

受到战争威胁的重大影响，军事情报一直是国家安全战略情报的主要构成，但它从来就不是战略情报的唯一内容。在东方，中国兵圣孙武早在春秋时期就指出，“地生度，度生量，量生数，数生称，称生胜”[①]，认为战争的胜负不仅取决于军事力量对比，更取决于国土面积大小、经济力量强弱和人口多寡等。在西方，古希腊伯罗奔尼撒战争期间，史学家修昔底德（Thucydides）就曾意识到经济对于战争的重要作用。他指出，“在战争中，需要金钱甚于需要军备，因为只有金钱才能使军备发生效力。”[②] 然而，这些罕有的远见卓识在提出之后很快便被淹没在东西方社会

---

① 孙武．孙子兵法·形篇［O］．曹操注．上海：上海古籍出版社，2006：101.

② 修昔底德．伯罗奔尼撒战争史［O］．徐岩松译．上海：上海世纪出版集团，2012：86.

普遍存在的战略短视之中，直至工业时代乃至信息时代才再次被重新发掘。

工业时代，以机器制造为特征的工业经济不再只是通过“使军备发生效力”而对战争产生影响，它在很大程度上就是战争所必须的军备。因为没有工业经济，就没有机械化军备，就没有赢得战争的能力，就没有国家安全。工业经济与战争机器的密切关系，使其成为国家安全战略情报密切关注的重要内容。作为工业革命的先驱和当时世界上最强大的工业国家，英国较早认识到了经济力量对于战争胜负的重要意义。1923 年，英国帝国防务委员会设立战时贸易问题咨询委员会，研究经济战相关问题。1928 年，陆军部和海军部请求帝国防务委员会研究外国的经济动员程序，战时贸易问题咨询委员会改组为外国工业情报小组委员会。1931 年，英国正式成立工业情报中心，专门负责搜集、解释以及分发经济情报。这表明英国正式将经济情报纳入国家安全战略情报的范畴。二战前夕，出于对国家安全的考虑，英国情报系统首次将德国飞机生产制造业列为最高情报优先等级。1945 年底，二战结束伊始，英国就成立联合情报局（Joint Intelligence Bureau, JIB），协调原本由各军种情报机构和经济作战部等负责的经济情报。伴随着战争的洗礼，经济因素对于国家安全的重要意义很快为世界各国所普遍认知。抗日战争时期，就连积贫积弱的中国国民党政府以戴笠为首的军事委员会调查统计局（军统局）都开始系统搜集经济情报，提出了经济作战构想。[①]

大致同一时期，社会民情也开始进入国家安全战略情报的范畴，虽然是以一种不太正面形象。20 世纪初，为服务于既定的扩张战略，日本开始系统搜集中国和苏联远东地区的相关情报。

① 陈世荣．戴笠的经济作战构想［C］// 吴淑凤，张世瑛，萧李居．不可忽视的战场：抗战时期的军统局．中国台北：国史馆，2012：91～108.

1907年，日本打着服务“南满洲铁道株式会社”的名目成立“满铁调查部”，从事情报活动。与以往不同，因为着眼于战后殖民统治的政治和社会安全，“满铁调查部”在中国和苏联远东地区的情报活动并不以获取军事情报为主要任务，而是以调查民情为根本使命，即对中国东北和内地、苏联远东地区的政治、经济、社会、民俗等情况进行调研。“满铁调查部”存世40年，先后提交各类专题报告1万多份。[①] 就二战爆发前的情况看，日本对中国进行了当时世界上最全面的县志调查，内容遍及地方政治、经济、社会、文化、风俗等。虽然日本广泛搜集中国和苏联远东地区的社会民情目的在于为其侵犯扩张战略服务，但这并不妨碍其将社会民情纳入国家安全战略情报范畴的事实。

信息时代，国家安全战略情报内容进一步拓展，最显著的特点是科技情报异军突起。早在经济情报被纳入战略情报范畴之时，科技情报就曾因其与工业制造（尤其是武器生产）密切相关而引起一些国家的重视。例如，二战后期，美国战略情报局（OSS）特别项目办公室（SPO）曾策划开展西蒙斯行动（Operation Simmons），专门搜集有关德国秘密武器研制的科技情报。信息时代，科学技术创新已经成为推动人类社会发展的主导力量，不仅关乎经济发展和武器研发，更在很大程度上决定着历经工业时代违背自然的急功近利后人类社会能否实现可持续发展。在这种情况下，再忽视科学技术的发展变化就成了国家安全战略情报工作不可宽恕的错误。

与此同时，一个不那么显著却对战略情报影响更为深远的变化是，有关国家安全战略情报的逻辑链条大大简化：信息时代，经济、科技、社会、文化等已无需像工业时代那般需借由战争或政治与国家安全建立关系，因为它们本身已经是国家安全的重要

---

① 吴寄南．浅析智库在日本外交决策中的作用［J］．日本学刊，2008（3）．

组成部分。根据卡尔·波普尔（K. Popper）的三个世界哲学理论[①]，信息技术在现实社会打破的内外壁垒和层级界限，必然会引起社会认知领域的连锁反应，进而改变情报领域的内容结构。在现实世界，在信息流动引导下，世界体系内各要素联系越来越紧密，国家之间、国家与非国家行为体之间，乃至不同领域之间和各领域内部的关系不再像工业时代那样界限分明，一切事物之间的边界变得越来越模糊不清，这就必然造成国家安全包含的内容与以往大不相同，进而致使战略情报变得越来越复杂。

二、战略情报机构多样化

情报是社会单元固有的基本职能。也即，不论何种类型、何种结构或者何种构成，社会组织或多或少都具有一定程度的情报职能。小到单独个人，中到公司集团，大到民族国家，乃至国家集团，都在一定程度上从事情报活动。因为在一切社会实践活动中，社会组织都需要通过情报反馈来评估其实践活动的成果，并决定下一步如何采取行动。虽然一切社会组织都从事情报活动，但真正被国家认定为情报组织的机构却屈指可数，仅仅被限定为官方或具有官方背景的专职情报机构。拿美国来说，即使是2004年12月《情报改革与防止恐怖主义法》出台后，官方认定的情报界成员也仅包括16家情报单位，其中有国家级情报机构、军事情报机构，也有各领域的情报机构，但毫无疑问全部属于官方机构。事实上，一些以战略情报生产为核心业务的非官方情报机构已经成为战略情报领域不可忽视的存在，战略及安全研究型智库是此类机构的典型代表。

① 参见卡尔·波普尔．客观知识——一个进化论的研究［M］．舒炜光，卓如飞等译．上海：上海译文出版社，1987：78～79.

智库是一种知识密集型组织，通过对获取的信息进行加工整理和分析研究，影响公共政策和舆论，从而服务于国家利益和公共利益。19 世纪末 20 世纪初至 20 世纪 40 年代诞生了第一批现代意义上的智库。迄今依然活跃并具有较大影响的有 1884 年成立的费边社（英国），1910 年创立的卡内基国际和平基金会（美国），1921 年成立的对外关系委员会（美国），1927 年成立的布鲁金斯学会（美国）和 1942 年成立的海军分析中心（美国）等。智库发展初期，创立者、研究者、管理者和社会大众大多对智库抱以理想主义式的支持和期待，希望其以客观、独立、公正的态度服务于公共利益。因此，早期智库的主要目标是帮助公众理解各类政治决策，以及为各类公共事务决策提供政策建议，较少涉及国家安全战略或安全领域相关问题。

二战结束后，各类智库迅猛发展，且因惨痛的战争记忆，普遍开始关注国家安全问题。据智库与公民社会计划（TTCSP）统计，截止到 2013 年，全球 224 个国家和地区中有 182 个拥有智库，总计共有 6826 家智库。其中，从事国家安全战略相关问题研究的顶级大型智库有美国的布鲁金斯学会、兰德公司（RAND Corporation），日本的野村综合研究所（Nomura Research Institute，NRI），英国的皇家国际事务研究所（The Royal Institute of International Affairs，RIIA）、国际战略研究所（International Institute for Strategic Studies，IISS），等等。这种以战略情报分析为业务核心的民间或商业智库的发展，在很大程度上弥补了信息时代政府情报机构在战略情报分析方面存在的缺陷。例如，1958 年成立的国际战略研究所是从事安全和战略研究的权威机构，素有“战略智库”之称。其定期出版的《世界战略报告》、《战略研究》、《军事均势》等被推崇为国家安全领域的权威报告，受到各国政府的普遍重视。美国布鲁金斯学会 1948 年构建了具有跨时代影响力的“马歇尔计划”的政策方案；传统基金会 1980 年推出的《领导人的职责》成为里根政府诸多内外政策的蓝图，在20世纪80年代产生了重要影响。

相对于官方情报机构，智库拥有相对超脱的独立身份，不受政府管控，因此能够在进行战略情报分析时更加客观地提出政策建议。智库承担着学术界与决策群之间的桥梁。需要指出的是，智库不同于传统意义上的战略情报机构，它不仅没有深藏重重迷雾之后的秘密属性，而且还在相当程度上鼓励其战略情报产品的传播以扩大社会影响。即便与传统战略情报机构的表征如此大相径庭，但其以信息为原料，通过专业知识对其进行整理、加工、分析、使用的本质与情报工作并无任何不同。

三、战略情报生产网络化

超高速、大规模网络是信息时代的标志之一。凭借信息与通信技术的发展，人类社会开始进行网络化的重组。例如，在移动通信方面，20世纪60年代移动通信只是一个概念；然而，30年后的1990年至2000年的十年间，移动电话用户从1600万增长至7.41亿，平均每天增加5万人左右；国际商业通话时长由380亿分钟增长至1000亿分钟。在计算机网络方面，1960年全世界大约只有5000台左右计算机，且互不相联；2000年全世界约有1.8亿台电脑，其中大部分接入互联网；截至2014年底，全球互联网用户数量突破30亿，达到世界人口总数的41.2%。借助于现代信息技术，人类的感知能力得到极大延伸。如果说电报、电话、电视使人类获得了远距离写、远距离听和远距离看的能力，那么互联网则是对人类上述各种延伸能力的整合，使人类首次超越个体，作为一个整体获得了思维能力。就这个意义而言，互联网正在演化成为人类世界的数字神经网络，因此有人将其形象地比喻为“全球脑”。[①]

借助互联网这个数字神经网络，信息得以在世界范围内快速自由流动，并能够根据需求大规模聚集，从而使得知识创新达到了史无前例的速度。2003 年，伯克利大学信息管理与系统学院估算认为，计算机普及以前，人类历史总计积累约 12EB[②] 信息，大致相当于一部长为 5000 年的 DVD 视频。计算机普及并相互联接成为互联网后，人类信息产量剧增。例如，仅 2002 年一年人类就创造了约 5EB 信息，其数据量相当于 37000 个美国国会图书馆。平均到当时的全球人口总数，每人大致生产了约 800MB 信息记录，打印到纸上相当于 9 米多厚的书。数据显示，2006 年至 2010 年，全球数据存量增长逾 6 倍，由 161EB 增长至 988EB[③]，人类正式进入 ZB[④] 时代。据全球信息咨询机构国际数据公司（International Data Corporation，IDC）监测，全球数据存量大约每两年翻一番，预计 2020 年全球将拥有 40ZB 数据存量，大致为 2010 年的 40 倍。鉴于 92% 的新生信息以电子数据的形式存储在硬体磁盘中，因此数据存量大致代表了人类创造的信息存量。现代管理学之父彼得·德鲁克（Peter F. Drucker）在其《21 世纪的管理挑战》一书中指出，“现在我们正在经历一场信息革命。这不是一场技术上、机器设备上、软件上或速度上的革命，而是一场‘观念’上的革命。过去 50 年信息革命集中表现在数据的收集、储存、传输和打印等‘技术’上，而新的信息革命则把重点放在‘信息’上。”尽管信息存量的激增并不直接等同于知识存量的增长，但好比草原上植被的丰茂自然会带来动物群体的繁荣一样，

---

① 参见杨友三．全球脑［M］．北京：高等教育出版社．

② 计算机信息存储单位，1EB ＝ 10^{18}B。

③ Luciano Floridi. *Information：A Very Short Introduction*［M］. New York：Oxford University Press Inc.，2010：11.

④ 计算机信息存储单位，1ZB＝10^{24} EB。

信息存量的激增必然会促进知识的创新。据信，过去25年出版的书籍相当于1950年以前500年间出版的书籍的总和。[①] 此外，日本科学技术政策研究所预测，随着信息存量的增长，2011年—2020年人类知识存量将比2010年时增长3—4倍。

知识存量的增长可以分为两个维度，即横向对未知领域的拓展和纵向在已知领域的深挖。前者表现为知识领域的丰富，后者表现为知识门类的细化；两相结合造就了人类社会当前知识广度不断拓展、各学科相互交叉渗透的现状。知识是战略情报生产的原材料，知识存量的大幅增长必然会对战略情报生产造成难以估量的深远影响。战略情报是能够满足国家安全战略需求的特定知识，战略情报生产是对上述特定知识的动员，即对涉及国家安全的知识的发现、获取和应用。从生产的角度来看，当生产材料发生改变时，墨守成规、坚持原有的生产方式实非明智之举。工业时代的线性程序化生产已经无法适应信息时代的要求。知识存量的横向拓展和纵向挖掘使得国家安全战略情报生产越来越需要跨部门、跨专业、跨学科的密切协同与配合，战略情报生产机构需要遵循信息时代知识创新的规则，打破原有藩篱实现网络化转型，以最大限度地发现、获取、调动和运用各类国家安全相关知识，服务于国家安全战略的筹划与实施。然而，由于受到工业时代效率至上精神的过度影响，常态化、专业化、程序化生产已经固化为一种部门习惯，演变成为束缚战略情报生产的无形障碍。即便是在创新意识浓厚的美国，情报界的改革也是举步维艰：抛除保密意识的影响，信息共享——网络化生产的基本前提——在政府情报体系内部都面临重重困难，遑论整个战略情报体系的网络化生产转型。

① 威尔伯·施拉姆，威廉·波特．传播学概论（第二版）［M］．何道宽译．北京：人民大学出版社，2010：17.

由于人类社会进入信息时代时日未久，信息时代的许多特征尚未显现，因此信息时代的战略情报活动仍然处于变化之中。战略情报内容复杂化、机构多样化、生产网络化只是信息时代国家安全战略情报最先表现出来的演进趋向，随着信息时代的进一步塑造，势必表现出更多特征。当然，事物的每一次跨时代演进都意味着对旧有规则的突破和超越，也都意味着必须迎接新生时代的挑战。相比工业时代之于农业时代的转变，信息时代的转变给战略情报造成的冲击更基础、更广泛，也更直接。例如，信息时代一般智能手机用户享有的信息和分析能力已经超过一代人之前的许多情报机构。[①] 过去政府情报系统依赖信息垄断建立的情报服务优势一去不复返。如何应对这些冲击正是当前世界各国情报体系面临的最大挑战。

第四节　国家安全战略情报演进的启示

现象必有规律。[②] 尽管世间万物变化纷繁，杂乱无章，但只要将研究对象放入适当的尺度之内进行审慎的考察，任何事物都会呈现出其发展演进的特定规律，进而在人类认知领域产生某种启示。经过对农业时代、工业时代和信息时代的大尺度历史考察，国家安全战略情报演进呈现出如下规律性启示：

一、战略需求是战略情报演进的内在动力

在人类社会实践活动领域，“需求决定供给”这一经济学论

---

① 亨利·基辛格．世界秩序［M］．胡利平，林华，曹爱菊译．北京：中信出版社，2015：450.

② 张五常．经济解释（卷一）：科学说需求（神州增订版）［M］．北京：中信出版社，2010：34.

断在一定程度上具有普遍意义。从情报活动的早期萌发到国家安全战略情报的出现，再到战略情报活动的每一次演进都离不开需求的推动。

（一）人类原始需求催生早期情报萌发

如同在经济领域，人类内在欲望所产生的需求催生了市场上能够满足上述需求的商品供给；在社会领域，各类社会行为体——人、家庭、部落、社团、企业、国家等——的固有需求催生了情报活动的产生，并促使其紧跟人类社会的发展脚步不断演进。从人类早期情报活动萌发可以看出，对稀缺资源的渴望、安全状况的担忧和未知事物的好奇是催生情报产生的原初动力。而此三者皆为人类原始需求在社会实践活动中的外部投射，催生了早期情报活动的萌发。对稀缺资源的渴望催生了生产性情报的产生，对安全状况的担忧催生了安全性情报，而对未知事物的好奇催生了知识性情报。

（二）需求主体决定战略情报演进方向

国家诞生后凭借自身强大的实力，很快超越其他人类社会行为体，成为最主要的情报活动组织者，国家战略需求由此取代个人和部落需求成为推动情报发展和演进的最主要动力。战略情报正是因应国家战略需求而产生的。由于国家经常面临涉及生死存亡的安全威胁，这些威胁既可能来自内部叛乱（起义），也可能来自外敌入侵，对自身安全状况的担忧成为国家战略需求的最主要内容。据此而言，正是作为需求主体的国家将“安全”标定为战略情报演进的基本方向。需要指出的是，国家将“安全”标定为战略情报演进方向的同时，并没有完全取代生产性情报和知识性情报。后二者只是一时间未能成为需求主体——国家的关注重点，从而以一种相对“低调”的方式在情报演进的支流中静静流淌，等待汇入主流的那一刻。

（三）战略需求导向牵引战略情报活动

战略需求不单是抽象的学术概念，更是对现实世界的直接反映，随着内外环境的变化而改变。战略需求的变化则会对战略情报活动起到牵引作用。如同天降暴雨会刺激消费者对雨伞的需求，从而牵引市场扩大雨伞的供应，再而催生制造商扩大雨伞的生产一般，国家安全面临的环境发生改变必然引起战略需求的变化，进而对战略情报活动产生影响。从广阔的地理空间和长远的历史脉络来看，农业时代和工业时代，战争都是国家安全最大和最现实的威胁，因此能够满足战争需求的军事和政治情报就成了战略情报关注的重点。两次世界大战时期，以战争为核心的战略情报活动达到顶峰。以特定国家和特定时期为尺度来看，相较于四面环海的岛国，四战之地的内陆国家自然更加缺乏安全感，因而高度重视一切与安全有关的军事情报；相较于战争时期，长期身处和平环境的国家相对不那么重视军事情报。

当然，事物的发展总是内外因共同作用的结果。战略需求为战略情报演进提供了内在动力，但仅此一条并不能无限制推动战略情报向前发展，外部动力也是必不可少的条件。信息技术的发展就是战略情报演进最重要的外部支撑。

二、信息技术是战略情报演进的外部支撑

情报的本质是信息。战略情报的发展离不开信息技术的支撑。信息技术发展极大地改变了战略情报的生产方式，每一次信息技术的进步都会对战略情报产生无法回避的深远影响。

（一）信息技术发展决定了战略情报的传递方式

情报只有通过传递才能显示价值，没有传递就没有情报。例

如，信息编码技术奠定了情报长时间、远距离传递的可能。语言文字是应用最为广泛的信息编码。情报以文字编码形式出现弥补了语言瞬间消逝、无法长久保存的弱点，消除了限制情报的传播障碍。一方面，情报传递在空间范围上超越了以语言为代表的声波传送距离，也超越了以烽火和旗帜为代表的光波传送距离。情报传播范围大幅拓展，人类的视野和活动范围不再局限于最近的山头和目力所及的地平线以内，开始走向远方。另一方面，文字形式的情报凭借各种存储媒介，打破了凭借记忆力存储的个体寿命限制，可以无限制伴随人类族群的繁衍向未来延伸。此外，通信技术发展极大地提升了战略情报的传递速度和传递能力。20 世纪 90 年代初，美国率先提出建设“信息高速公路”计划，日本、欧盟、新加坡等国随即也提出了自己的信息高速公路计划。“信息高速公路”建成之前，计算机网络传输 33 卷《大不列颠百科全书》需要 13 个小时，而“信息高速公路”建成后这一时间缩短为 4. 7 秒。民用通信技术尚且如此，战略情报传递速度和能力自不待言。

（二）信息技术发展极大地影响了战略情报的收集方式

除直接决定战略情报传递方式之外，信息技术的发展还通过影响世界信息分布而间接地影响了战略情报的收集方式。农业时代和工业时代，由于信息资源有限且信息传递缓慢，情报系统凭借有组织的秘密收集垄断性地掌控了绝大多数信息资源。信息时代，信息资源无所不在，公开渠道获取信息已经成为战略情报收集的主要手段。前美国中央司令部司令托尼·津尼（Tony Zinni）曾表示：“作为司令官，我需要知道的情报有 80% 来自公开渠道，而非秘密手段。如果我知道缺少什么，剩下的 20% 我自己能够找到16%。最后，秘密情报顶多只能满足我4%的知识需求。”[①] 如果说非情报人员得出的结论过于主观，不足为信，那么专业情报研究人员在可靠数理统计基础上得出的结果应当具有较高的可信度。据情报研究专家统计，82.5%的全球性安全威胁与公开信息来源有关。[②] 据信，早在20世纪70年代，美国由公开渠道获得的情报就已占到美国情报收集总量的80%。[③] 当战略情报生产所需的原始材料已经转变为大部分来自公开渠道时，战略情报生产自然需要改变过去信息垄断时期的生产方式。

（三）信息技术发展改变了战略情报的处理方式

从生产流程看，战略情报是信息收集、信息处理、情报分析的成果。其中，信息处理更是现代战略情报生产的不可或缺的重要一环。信息是战略情报生产的原始素材，一般而言，收集而来的信息只有经过加工处理后，才能够进入情报分析环节，并最终生成能够满足用户需求的情报。所谓信息处理是指，通过一系列的技术处理，如密码破译、数据融合、编码解码、语言翻译等，使得信息能够被研究人员识别，从而进入分析环节。信息时代，由于信息过载严重，这一充满技术含量的环节就显得特别重要。2009年，在回应联邦调查局总监察长问询时，该局表示其累计的音频工作量已超过200天，与反情报相关的录音只处理了25%。[④] W. J. P. 罗伯特少将曾表示，“一颗侦察卫星15分钟产生的数据，

---

① Robert David Steele. Open Source Intelligence [C] .// Loch K. Johnson. *Strategic Intelligence*, Vol. 2. Westport, CT: Praeger Security International, 2007: 98.

② Ibid. 101.

③ 张殿清．特殊的较量：情报与反情报［M］．北京：世界知识出版社，1997：82.

④ 马克·洛文塔尔．情报：从秘密到政策［M］．杜效坤译．北京：金城出版社，2014：130.

就需要 100 名分析人员采用传统的工具工作一个星期。”① 由此看来，信息过载已经严重制约了战略情报生产，在信息处理环节引入先进信息处理技术以支撑战略情报生产，成为一种必然选择。

如果说技术发展为人类的生产实践创造了无限未来，那么信息技术就为情报实践创造了无限可能。作为最为鲜活的要素，信息技术飞速发展，战略情报活动只有与信息技术深度融合，才能跟上时代的步伐。

三、认知能力制约战略情报活动总体水平

归根结蒂，情报是对客观世界的认识，属于认知的范畴。认知能力的高低制约着战略情报活动的水平，不仅表现在战略情报生产需要以认知能力为基础，还表现为情报价值发挥受到认知能力限制。

（一）认知能力是战略情报分析的基础

“情报分析”是在“信息处理”环节的基础上使信息转化成为情报的关键。“9·11”调查委员会出具的调查报告认为，在“9·11”事件中，美国情报系统存在的重大失误主要表现为分析人员没能将信息转化为情报，及时准确地提出恐怖袭击预警。因此，英国海军部“40 号房间”警示称：“情报极少是用键盘端上来的现成饭，信息只有在由智慧、经验和完善的理解力合成的坩埚中经过提炼，才能成为情报。”② 简而言之，没有情报分析就没

① Major General W. J. P. Roberts, “Implications of Information Age Operations,” *RUSI Journal* 142 (October 1997), p. 39. 转引自 Daniel S. Gressang IV. Intelligence and the Information Age Technology Challenge ［C］// Loch K. Johnson. *Strategic Intelligence*, Vol. 2. Westport, CT: Praeger Security International, 2007: 129.

② N. West. *The Secret Wireless War* 1900 – 1986 ［M］. London: GCHQ, 1986: 270.

有战略情报。情报分析是情报人员利用自身丰富、精湛的背景知识，从杂乱无章、零碎散落、庞杂繁复或者相互矛盾的信息资料中，发现现象之间的关联，找出事实背后的真相，查明行为暗含的动机，预见事件演变的趋势。打比方，情报分析好比精神病医生依靠症状表现对精神病人的行为、动机等进行主观判断。然而，由于症状可以伪造，且经常被目标对象有意伪造，情报分析的难度不言而喻。如何突破层层迷雾，去伪存真、去粗取精、由表及里、由此及彼，生成能够满足国家安全战略需求的情报，不能靠猜测，只能依赖一切现存的相关知识进行理性判断。第二次世界大战期间，一些天才的德国物理学家找到一种方法，只要凭借钟声在广播里的微波差异，就能判断伦敦当时的天气。这对执行轰炸任务的德国空军来说，是无比珍贵的军事情报。由于缺乏相应的知识背景和认知能力，英国广播公司不会知道自己每次新闻播报采用的大本钟报时钟声已经成为德国人的情报源。

（二）认知能力制约战略情报的价值发挥

在情报领域，信息是情报的生产原料，情报是对信息的价值挖掘。信息以比特计量，情报以价值衡量。情报人员通过情报分析，从各类原始信息中提炼出有价值的战略情报后，情报的循环流程并没有最终完成。只有当情报的价值在战略决策和战略实施中得以展现时，情报的循环流程才算结束。因此，可以说战略情报生产的最终环节并不在情报人员手中，而取决于情报用户（战略决策者和实施者）的认知能力。据说，中亚古国花剌子模有一个古怪的风俗，凡是国王带来好消息的信使就会得到提升，而带来坏消息的信使则会被送去喂老虎。当然，这是一个极端却不罕见的例子。情报用户在一般意义上否定了战略情报本身的价值，而完全以个人好恶评判情报。1941 年，德国撕毁《苏德互不侵犯条约》闪击苏联前夕，斯大林对情报机构和盟友提供的关于德国即将进攻苏联的情报置之不理，就与此相类似。斯大林由于先入为主地认为德军当时不可能对苏联发动攻击而否定了上述情报的价值。不那么极端却也因此更常见的现象是，情报用户深知战略情报的重要意义，但却由于自身认知能力有限，而无法全面理解战略情报所包含的价值，从而影响战略情报的效用发挥。

作为人类社会第二古老的职业，情报活动拥有悠久的历史。历经农业时代、工业时代和正在进行中的信息时代的发展，战略情报活动早已超越早期实践的视听言说等原始手段，变得“面目全非”。然而，无论表象如何变化，战略情报服务于国家安全战略筹划和实施的本质未曾改变，战略情报演变呈现的历史启示未曾改变。信息时代，时代变化节奏加快，社会发展突飞猛进，许多事物尚未来得及熟悉就已经成为过去，国家安全面临前所未有的挑战。在信息化浪潮的狂飙突进中，如何重新界定情报在国家安全战略运作体系中扮演的角色，以及如何因应时代挑战、建设符合时代精神的战略情报体系，都可以并且需要从战略需求、信息技术和认知能力等战略情报演进的历史启示中去寻找答案。

第二章

国家安全战略情报在战略决策和实施中的角色作用

战略是战略主体采取特定手段作用于战略客体实现战略目标的过程，国家安全战略就是这一过程在国家安全层面的反映。从流程上看，战略运作体系由三大环节构成，即战略情报、战略决策和战略实施。将战略情报置于战略运作体系之中，从定位、作用和职能三个层面对战略情报角色进行全方位解读和分析，是全面把握战略情报内容、开展战略情报活动的前提条件。

第一节　价值定位

定位是在特定环境中确定给定事物的位置，最早专指地理上的方位。地理定位由一组坐标表示，它界定了给定事物的空间位置，从而决定了给定事物与周边事物乃至整个世界的地理关系。社会领域的定位无法做到像地理上的坐标定位那样简单明了，但其意义却并不因此而减损。战略情报的基本定位就是要在国家安全战略体系中确定战略情报的地位，从而确定它与战略决策、战略实施之间的关系，并从这种关系当中确认战略情报的边界。

一、战略情报是战略决策的认知先导

战略决策是战略运作体系的核心，其主要任务是确立战略目标、制定战略方针，并确保战略目标与战略能力相匹配。战略目标是战略主体主观愿望的外在表现，决定了战略实施的总体方向；战略方针是外部因素对主观愿望束缚的结果，决定了战略实施的基本原则。就国家安全战略而言，即使在战略目标与战略能力相匹配的情况下，一旦总体方向错误，战略体系运作越高效、越完美，就越背离维护国家安全的根本宗旨，就越失败。简而言之，战略决策就是确保“做正确的事”。

然而，什么是“正确的事”？如何确保“做正确的事”？就国家安全战略而言，“正确的事”来源于维护国家安全这一最高宗旨，是结合内外现实情况对抽象的最高宗旨的具象化。确保“做正确的事”，首先就是要确保最高宗旨的具象化符合战略主体的内外现实情况。这就有赖于正确的判断，而正确的判断来自于准确且及时的战略情报。1815 年 6 月 17 日，在林尼战役中击败布吕歇尔统率的普鲁士军队后，如果拿破仑能够获悉这支败军的去向，就不必将三分之一的兵力交给格鲁希执行追击任务，也就不会招致滑铁卢战役最后的历史性失败了。没有准确、及时的战略情报支撑，战略决策就只能建立在猜测的基础上。在此情况下，即便伟大如拿破仑者也无法做出正确的决策。如此，战略运作最好的结果就是祈求能够碰到好运了。

其次，确保“做正确的事”隐含对未来的预见。仅仅凭借对现实情况的了解，战略主体仍然无法确保“做正确的事”，只有预见未来，从总体上预见现实情况的未来发展趋势，才能够做到“做正确的事”，做出正确的战略决策。当拿破仑在滑铁卢与威灵顿统帅的英国军队激战时，率领三分之一法国兵力的格鲁希在三小时路程之外听到了大炮的轰鸣，从而获悉滑铁卢战役已经打响，但由于没有预见到这场战役对于整个法兰西帝国的意义，他举棋不定终致拿破仑兵败。战略决策不仅要建立在掌握内外现实情况的基础上，更要建立在对未来战略环境、战略客体以及自身战略能力发展趋势的预见之上。没有预见，就没有战略。只有预见未来，才能确立合理的战略目标，使其与战略能力相匹配，做到既不因目标过低而致使战略能力闲置，也不因目标过高而以致战略能力赤字。预见不是妄想，不是猜测，也不是天启，更不是卜筮，而是战略情报活动的结果。正如孙子所言："故明君贤将，所以动而胜人，成功出于众者，先知也。先知者，不可取于鬼神，不可象于事，不可验于度，必取于人，知敌之情者也。"①

第三，确保"做正确的事"暗含对过去的理解。对未来的预见必然源于对过去的理解。对未来的预见，本质上是通过观察局限条件的变化（因），推测它将促动何种现象发生（果）；对过去的理解，本质上是现象（事件）发生后（果），追溯促成这一现象发生的变化条件（因）。因此，在因果关系的逻辑结构上，对未来的预见与对过去的解释具有相同的本质，只是推理顺序相逆而已。鉴于在时间的单行道上，一切事物都是经由过去发展而来，然后走向未来，所以一切有关未来的预见都只能建立在对过去的解释之上。换言之，没有对过去的解释，就没有对未来的预见。1793 年，英国第一位特使乔治·马嘎尔尼来访中国，建议中英开展自由贸易，并在北京和伦敦互设大使馆。由于缺乏对自由贸易的理解，更由于缺乏对东亚以外国家交往历史的理解，尤其是欧洲外交历史的理解，清政府无法预见到源自欧洲的自由贸易制度和威斯特伐利亚秩序会在不久的将来主导整个世界。因而，

---

① 孙武．孙子兵法·用间篇［O］．曹操注．上海：上海古籍出版社，2006：348.

当它轻率地拒绝了英国的要求时，也就拒绝了世界发展的潮流，自然也就拒绝了大清王朝的未来。

从认识论的角度看，战略情报具有三重基本功能：一是“叙述”，即描绘现实；二是“解释”，即说明理由；三是“预测”，即预见未来。综上所述，战略情报是战略决策的认知先导，它不仅从现实认知层面帮助战略决策实现战略宗旨的具象化，而且还从对过去的理解中推测出对未来的预见，实现战略目标与战略能力的匹配，进而确保国家安全战略“做正确的事”。失去了战略情报的支撑，战略决策就是“盲人骑瞎马”，战略也就从根本上失去了存在的意义。

二、战略情报是战略实施的标引参照

战略实施是对战略决策的贯彻落实，是战略体系运作的基础，其任务是将战略目标分解成为若干具体任务，并依照战略方针中明确的基本原则，合理调动和配置战略资源、生成和使用战略能力，确保战略目标实现。战略实施是将具象化的战略决策具体化的过程，是对战略目标的逐级分解和对战略方针的行动落实。在国家安全战略中，离开了战略实施，抑或战略实施背离了既定的战略目标或战略方针，再宏大、再完美、再有预见性的战略决策都只是纸上谈兵和空中楼阁。在战略决策层面确保“做正确的事”以后，战略实施的根本任务就是确保将“正确的事”落到实处，简单来说，即“正确地做事”。

“正确地做事”离不开战略情报的支撑。如果将战略运作比作是一场漆黑夜间的长途旅行，战略决策是决定旅行的目的地并确定行进方针，战略实施就是确保战略决策尽可能高效落实，按照预期的时间节点抵达目的地，战略情报则是漆黑夜晚行进不可或缺的照路明灯。战略决策从大局着眼，战略实施由细节着手；

战略决策锁定未来，战略实施关注当下；未来因距离遥远而轮廓清晰，当前却因身临其境而斑驳陆离。目的地设定之后，在坚持总体方向不变的情况下，对具体路径的选择则要因“情”而易。“情”指的是战略实施面临的实际情况，对“情”的认识主要来自战略情报活动。战略实施过程中，理论上直达目的地的捷径就好像地图上连接两点之间的直线一样，在现实中总是会受到各种因素的制约，变得迂回曲折。在黑暗的夜间行驶，如果没有照亮前行道路的战略情报之灯，战略实施就会因失去标引参照而晕头转向，甚至有可能身处险境而不自知。历史上许多战略主体就是在具体的战略实施过程中因迷失在“迂回曲折”之中而走向失败。

第一次世界大战时期，早在战前的冷静计算中，德军统帅部就已经确认无法通过正面进攻法国东部要塞的左翼路线赢得战争的胜利，因而不惜将侵犯中立国取道比利时的右翼方向选定为可以达成战略目标的唯一途径。然而，战争打响之后，由于己方兵力在洛林地区一时占优，小毛奇竟克制不住冲动将本该派往右翼的6个加强预备师全部送往左翼，并一度企图在洛林寻找决战机会。[①] 在马恩河会战中，德军统帅部获得情报显示，大约4万英军正在比利时海岸登陆，且有传闻称此次登陆中还有俄国远征军的身影。然而，事实是参加登陆的英军只有3个营，而俄国远征军更是子虚乌有。此次战略情报失误对马恩河会战的胜负乃至整个战局的走向产生了重要影响：德军因担心比利时海岸登陆的英军突然从安特卫普发动攻击，而在作战行动上大受掣肘，致使德

① 关于德军在战争初期的表现，李德·哈特（Liddell Hart）曾作出如下评论：“这种发展实在令人费解：既然在战前的冷静计算中，认为正面的攻击是不可能的，所以他们才决定不惜侵犯比利时的中立权，因为这是他们认为唯一可以走得通的路线。可是到了实际作战时，德军的统帅部竟反而认为临时采取这种正面攻击的方式可以有成功的希望。天下不合情理之事，实莫甚于此。”参见李德·哈特．战略论：间接路线［M］．钮先钟，译．上海：上海人民出版社，2010：154.

军速战速决的计划落空，从而丧失了率先击败法国再转身对付俄国的唯一机会，陷入东西两线作战的战略困境，最终战败。

战略情报是战略实施的标引参照，不仅在于它能够为战略行动顺利开展提供必须的现实路标，更在于它能够帮助执行者构筑整体思维，将具体任务置入战略全局中进行考量，区分清重缓急，使其不致因小失大，在各种“成就”面前迷失方向。失去战略情报的支撑，战略实施的执行力越强，越有可能迷失在变化无常的现实丛林中，在不知不觉间背离战略决策确立的战略目标和战略原则，埋下失败的种子。

三、战略情报的特殊性源自战略价值

信息以比特为计量单位，知识以真理（Truth）为求索对象，情报以价值为衡量标准。比特揭示存在，真理区分真假，价值依赖评判。存在不以意志为转移，真假只以事实为依据，评判却需标准来臧否。事实只有一个，标准却有许多。因此，真理放诸四海而皆准，价值不出斗室已迥异。相较而言，知识具有普适性，情报具有特殊性。情报是能够满足特定认知需求的知识，给普适的知识赋予特殊的价值就生成了情报。从这个意义上来讲，价值是情报的根本属性，是认识、理解、生产和使用情报的关键。价值赋予情报特殊性，没有价值就没有情报。然而，价值在成就情报的同时也带来了问题，即如何量度情报的价值。

价值量度涉及主观评判，与选择的量度标准直接相关。选取的标准不同，量度结果可能天差地别。同样一则情报，因为采用不同的评估标准，在甲国眼中可能无关紧要，而在乙国看来则可能重若千钧；即使采用同样的评估标准，由于内外环境的变化，对同一个国家而言，也可能今天觉得事关生死，而后天则可能认为一文不值。例如，1939 年9 月1 日凌晨4 时45 分，德军装甲部队越过德波边界发动侵略战争；对德国宿敌法国而言，该情报无异于德法战争迫在眉睫；对欧陆近海的英国而言，意味着对德战争已不可避免；对大西洋对岸的美国而言，是“邻居的房屋着火了，将来可能危及自身”；对于私下签订《苏德互不侵犯条约》的苏联而言，该情报则又另有其他意味。如果仅从表面上来看，战略情报价值评判确实复杂多变，标准繁复到了几乎失去意义的地步；但若深究其理，则可发现情报价值评判标准实际遵循以下两个原则：

一是符合事实原则，即以是否与事实相符合来评判战略情报是否具有价值；二是实用主义原则，即以是否有用及用处大小来评判战略情报的价值。前者实际上是以真理评判标准来评判情报，虽然在知识上存有偷懒的嫌疑，但因与“情报是知识”这一基本概念相统一，并无任何不妥。符合事实原则是对情报知识属性的验证，也即情报首先要在普遍意义上为真，具有可信性。举例来讲，“1939 年 9 月 1 日德军对波兰发动战争”，是一则符合事实的情报，具有普遍意义上的真实性，即无论是哪个国家、采取何种标准，都无法否认“德波发生战争”这一事实。该原则实际上确保了战略情报的知识前提，排除了所有虚妄的、幻想的和扭曲的信息。但也仅此而已。如果对情报价值的评判就此止步，情报与知识就没有区别了。情报是知识，但并不只是知识，而是“能够满足人类特定需求”的知识。因此，对情报的评判还须更进一步，采用实用主义原则，以情报对用户的功用大小来评判其价值高低，也即情报满足人类特定需求的程度。1939 年，在德国实力不断增强的情况下，相较其他国家，法国在安全领域具有更加强烈的情报需求；“德国入侵波兰”这则情报能够极大地满足法国的上述需求，使其确认自己面临德国的战争威胁，因而具有较高的价值。简而言之，符合事实原则确保了情报是有价可量的知识，实用主义原则要求情报须在满足用户的特定需求中量度自身价值的高低。

然而，不论是符合事实原则还是实用主义原则，都意味着情报价值量度最终必须交由实践来完成。符合事实原则关注情报的真实性，实用主义原则指向情报的功用性；真实与否必须经由实践验证，功用大小也须通过实践量度。实践是检验真理的唯一标准，也是量度情报价值的最终尺度。书面上、媒体上、口头上以及其它任何形式的情报，若不运用到实践中接受实践的检验，其价值就无法得到呈现，也就无法得到量度。在国家安全战略体系中，战略情报是否符合客观事实，是否拥有价值以及拥有多大价值，不是由某个人说了算，甚至也不能由事物发展的某些片断说了算，而必须运用到战略决策和战略实施的全过程当中才能得到彰显。2003 年，美国情报界做出“伊拉克拥有大规模杀伤性武器”这一情报论断，为小布什政府决定发动伊拉克战争奠定了认知基础。然而，伊拉克战争打响后直至结束，美国人也未能找到“伊拉克拥有大规模杀伤性武器”的真实证据，该情报因此被实践证实为假。与此相对的是 1941 年日军偷袭珍珠港事件中的情报价值湮没。1941 年 12 月 7 日，日军偷袭珍珠港前两个小时，美军少校克雷默（Kramer）侦获日本一份电报，该电报指示日驻美大使“向美政府递交照会的时间应在华盛顿下午 1 时。”克雷默由此分析得出珍珠港可能于黎明时分遭袭。[①] 但是，由于战略决策者并未理会，该情报的价值无从得到显现。

需要说明的是，有关战略情报的定位是相对的，脱离战略运作体系谈论战略情报定位没有任何实际意义。一方面，战略情报、战略决策和战略实施之间的界限并非泾渭分明，它们更像是

① 克雷默画了一张时差图，发现华盛顿下午 1 时，菲律宾是午夜，巴拿马是中午，唯独珍珠港是黎明。结合美日当时紧张的双边关系，由是分析得出珍珠港可能遭到袭击。

一个具有连续性的渐变色彩谱系。尤其是在涉及意识形态、心理博弈等认知领域的战略运作过程中，更是很难在三者之间做出明确区分。在理论上，战略情报、战略决策和战略实施是一个首尾相连的闭环，但在实践中三者虽然相互连接，却不存在时间上的“首尾”关系，而是同时发生，相互影响。另一方面，实践活动中，战略情报、战略决策和战略实施的主体相互交叉，并非孤立存在。许多情况下，战略情报并不是传统意义上战略情报机构的专属工作，战略决策主体和实施主体也是战略情报生产的重要构成。历史上许多著名且重要的战略情报生产成果都是来自战略决策者或实施者，例如诸葛亮的《隆中对》、毛泽东的《论持久战》以及乔治·凯南的《苏联行为的根源》等。同样，历史上许多具有战略意义的论断和行动也并不总是由战略决策者和实施者独自完成的。战略运作体系是由战略情报、战略决策和战略实施三者共同构成的有机整体，三者既彼此分立，又不可割裂，任何意义上的绝对割裂都是对整个战略运作体系的伤害。

第二节　功能作用

战略情报是国家安全战略体系不可或缺的组成部分，在国家安全战略决策和实施过程中发挥着无可替代的作用。大约2500年前，孙子说：“知己知彼，百战不殆；不知彼而知己，一胜一负；不知彼不知己，每战必殆。”[①]；不足250年前，克劳塞维茨说：“情报是我们一切想法和行动的基础。”[②] 约25年前，美国学者拉迪斯拉斯·法拉戈（Ladislas Farrago）说：“情报工作对历史的影

① 孙武．孙子兵法·谋攻［O］．曹操注．上海：上海古籍出版社，2006：85.

② 克劳塞维茨．战争论［M］．中国人民解放军军事科学院译．北京：解放军出版社，2013：78.

响远超历史学家们的想象。在历史上所有重大事件中，在塑造与改变历史的伟人背后，都有着情报的支持。”[①] 不论是古代、近代还是现代，也不论是战略家、军事家还是历史学家，都认识到了情报的重要意义，但却罕有研究探讨其重要意义到底何在。具体而言，在战略运作过程中，战略情报在以下四个方面发挥着不可替代的作用：

一、降低国家安全战略威胁的不确定性

从认知的角度看，世界是确定性与不确定性的混合体。确定源于已知，不确定归于未知。确定只有一种，不确定却各有不同。若单就认识的限度而言，不确定有两种。一种是难题（Puzzles），另一种是谜题（Mysteries）。难题和谜题皆因未被认知而被归为不确定，但二者之间存在质的差别。[②] 难题只要获取足够多的情报就能够得到解答，由不确定转变为确定。例如，美国的战略核武器数量、印度的实际人口数量、F－22 猛禽战斗机的详细飞行参数，等等。这类问题只要能够获取足够多的相关情报，迟早都会被世人知晓。谜题则不同。即使获得再多的相关情报，谜题也无法从根本上得到确切的答案。例如，中国的快速发展是否会陷入历史性的崛起困境，与守成大国美国发生冲突？作为区域一体化进程的勇敢尝试，欧盟能否会像设想一般成功演化成为一个超国家组织？俄罗斯正处于长期的衰退之中还是已经“触底反

① Bernard Porter. *Plots and Paranoia*: *A History of Political Espionage in Britain*, 1790－1988［M］. Unwin Hyman Ltd. 1989, Preface. 转引自刘强．情报工作与国家生存发展［M］．北京：时事出版社，2014：59.

② 有学者将其称为疑难性问题和疑惑性问题，参见葛里高利·特勒沃顿．重塑信息时代的国家情报系统［M］．中国现代国际关系研究所译．北京：时事出版社，23～27.

弹”？中日双方是否会因钓鱼岛问题发生战争？等等。从理论上来讲，这些问题只要尚未发生，就一直存在变化的可能。因此，属于谜题性质的不确定只是被降低，而无法被消除。

对国家而言，关于确定性与不确定性的上述论断也完全适用。国家安全面临的战略威胁同时具有确定性与不确定性。在特定时期和特定环境中，一国安全面临的挑战既是确定的，又是不确定的。例如20世纪60年代中国大陆面临严重的外部安全威胁，北边有来自苏联的强兵压境，东面有来自台湾的敌特骚扰，南方有来自印度的侵吞蚕食。这些都是确定的国家安全战略威胁，但不确定的是哪一个威胁最可能转变成为现实以及什么时候以什么方式变成现实。简单打个比方，这种确定与不确定的关系就好比掷骰子游戏，确定的是骰子有六个不同的面，不确定的是掷出去之后哪面朝上。当然，确定与不确定并非固定不变，通过获取情报加深认知能够变不确定为确定或是降低不确定的成分。根据情报掌握的程度，认知可以区分四个层次，即不知道不知道、知道不知道，不知道知道，知道知道。与此相对应，从不确定到确定大致可以区分为完全不确定、确定不确定、不确定确定和完全确定。在国家安全战略筹划中，就特定时期战略主体对战略威胁的认知程度来看，战略主体身处险境而不自知，是为战略威胁完全不确定；战略主体虽然察觉到身处险境，但不知威胁源于何处，是为战略威胁确定不确定；战略主体确知身处险境，也觉察到威胁可能来自何处，但不确定威胁何时爆发或以哪种方式爆发，是为战略威胁不确定确定；战略主体确知身处险境，确知威胁来自何处，且确知威胁将在何时以何种方式爆发，是为完全确定。

对于战略主体而言，在战略筹划过程中最大的不幸莫过于对战略威胁的完全不确定，最大的幸运莫过于对战略威胁的完全确定。完全不确定源于完全的无知，完全的无知则产生于完全的战略情报空白。完全的战略情报空白虽然较为极端，但却并不罕见。由于陷入完全的无知，身处险境之中的战略主体往往自信满满，原因在于此时危机大多隐藏在重重光明的希望、宏大的伟业和令人眩目的现实背后。此情正如“疾在腠里”，非扁鹊无以见其危。与此相反，完全的确定源于完全的认知，完全的认知基于完全的战略情报支撑。但由于事物发展总是由小渐大，威胁的表征信息总是逐渐显现、由弱到强，当战略情报完全充足时，威胁往往已经演化为现实性危机，战略主体若非早有准备，恐怕已经陷入崩毁的边缘。此景恰似“病在骨髓”，虽神医亦无力回天。清朝晚期的遭遇正是如此。18 世纪末，乾隆皇帝自信满满地以“天朝上国”的身份断然拒绝了“洋人”自由通商、互派外交使节的要求。殊不知此时西方世界已经工业日盛、国力渐隆，大清王朝只是凭借历史惯性显摆盛世余威而不自知罢了；第一次鸦片战争战败之后，大清王朝内部的有识之士开始认识到国家已经身处险境，但却不知道这险境到底有多险，因而只是提出了“开眼看世界”的倡议；第二次鸦片战争惨败之后，大清王朝决策层认识到国家已然身处危境，但又仅把危机视为外敌器物强悍的结果，因而决定“师夷长技以制夷”开展洋务运动；中日甲午战争溃败之后，通过与邻国日本的对比，大清王朝决策者才不得不承认国家之顽疾不止于“奇技淫巧”的落后，更在于自身政体之腐朽。至此，关于清朝面临的威胁已经一览无遗，但此时王朝的倾覆也已在旦夕之间，虽君主立宪亦不能力挽狂澜、起死回生。

国家安全总是面临着各种各样的威胁，确定的威胁因有据可防而使恐惧程度降低，不确定的威胁则因无可防备而使恐惧感大大提升。1991 年苏联解体时，由于无法评估苏联解体可能带来的安全威胁，尤其是苏联境内 15 个加盟共和国部署的数千枚核武器，美国人对苏联解体带来的不确定威胁心怀恐慌。为逃避这种不安，时任美国总统乔治·布什竟然在乌克兰共和国首都基辅发表演说时敦促乌克兰人民，也暗示其他苏联加盟共和国不要急于解散苏联。布什的举动看似不可理解，其实不言而喻：不确定产生恐惧。战略情报的作用由此显现：揭露秘密，发现真相，竭尽所能预测未来，最大限度地降低国家安全战略威胁的不确定性。

二、支援国家安全战略主体谋求主动权

主动权即自由权，是战略主体按照自身意图行事的权力，是战略实施成功与否的关键。在战争中，主动权是打开战争胜利之门的钥匙。掌握主动权就意味着掌握了作战的方式和节奏，就可以做到“你打你的，我打我的”，引导战局向着有利于自己的方向发展。因而，“一切战争的敌我双方都力争在战场、战地、战区以至整个战争中的主动权。”[①] 在国家安全战略博弈过程中，主动权具有同样重要的意义。掌握战略主动权离不开战略情报的支援。具体来讲，战略情报支援战略主体谋求主动权主要表现在以下三个方面：

一是有利于培养和开阔战略视野。战略视野是战略主体认识和分析战略问题的广度与深度。战略视野是否开阔决定了战略主体能否树立统揽全局的大局观念，战略视野是否深远决定了战略主体能否培植深谋远虑的前瞻思维。没有大局观念就无法确定各战略要素的主次地位，没有前瞻思维则无法明晰各战略阶段的远近影响。在国家安全战略筹划过程中，如果搞不清楚各要素、各方面、各阶段的轻重缓急，即便战略实力超群，也无法真正掌握战略主动权，而只能亦步亦趋被对手牵着鼻子走。因此，没有战略视野就没有战略主动权。开阔的战略视野有赖于卓越的战略情

① 毛泽东．抗日游击战争的战略问题［C］// 中共中央文献编辑委员会．毛泽东选集（第二卷）．北京：人民出版社，2009：410.

报支撑。抗日战争初期，毛泽东如果没有掌握到“它（日本）的军力、经济力和政治组织力在东方是一等的，在世界也是五六个著名帝国主义国家中的一个”，就无法有力地驳斥当时国内“一些急性朋友”的“速胜论”；如果没有掌握到日本人力、军力、财力、物力均较缺乏，且在国际社会中“失道寡助”，中国虽然国力较弱，但“地大、物博、人多、兵多”，且拥有广大国际援助，就不能驳斥“亡国论”。正是掌握了上述敌、我、友三方比较全面的战略情报，毛泽东才可能拥有超越当时大多数人的战略视野，得出抗日战争是持久战的论断。①

二是有利于谋取和抢占战略先机。虽然主动权是按照自身意志行事的权力，但对主动权的运用离不开特定的时空，因而必会受到时间和空间的限制。在时间方面，谋求主动权就是要抢占先机，在战略博弈的关键节点，先发制人占据优势，使己立于不败之地，而后以待敌之可胜。谋取和抢占战略先机受到战略环境、战略主客体能力和行为以及战略情报等多种因素的制约，其中，战略情报是必不可少的前提。在战略博弈过程中，只有通过成功的战略情报活动，预先掌握他国的战略意图，方可为己方抢占战略先机创造条件。1921 年 11 月，英、美、法、意、日五国就限制海军军备问题在华盛顿展开谈判。美国希望打破英国的“两强标准”，取得与英国海军同等的权利，同时遏制日本海上力量的扩张，将美国与日本海军总吨位之比控制在 10：6。会前，日本海军军备限制委员会提出的方案是，坚持《八·八舰队方案》造舰计划，至少保持美国海军实力的 70%，也即美日间最低比例 10：7，绝无退让余地。然而，由于美国情报机构“黑屋”破译了日本外交密码，及时截获日本外务省致其谈判代表的电报，准

① 参见毛泽东．论持久战［C］．// 中共中央文献编辑委员会．毛泽东选集（第二卷）．北京：人民出版社，2009：439 ~ 515.

确掌握了日本代表的谈判意图和底线，美国得以在谈判过程中占据先机、寸步不让，最终得以按照自己的意愿达成谈判目标。

三是有利于巩固和拓展战略空间。战略空间是战略主体进行战略筹划和战略实施的基础。宽广的战略空间能够为战略主体提供更多可供调配的战略资源，提供更为广阔的战略纵深，使其拥有更多选择余地和实施路径，从而掌握更多主动权；反之，狭小的战略空间意味着更加稀缺的战略资源、更为局促的战略纵深，也就意味着战略主体受到更多掣肘，主动权受到更多限制。战略空间是战略主体施展主动权的基础，但同时也是战略主体运用主动权对战略环境塑造的结果。在掌握特定战略情报的情况下，战略主体能够通过抢占先机，以时间换取空间，巩固和拓展既有战略空间。1939 年，发生在“世界角落”的诺门坎战役堪称经典地诠释了上述观点。是年 5 月 4 日，日本借蒙古边防军与伪满州国兴安北警备军边境冲突事件发动诺门坎战役。日本主动激化边境冲突不仅源于内心扩张的欲望，而且得到了多方面的情报支援：首先，“满蒙”边境地区苏蒙作战兵力有限；[①] 其次，“大清洗”后苏军人人自危，制约了军官的主动性和创造性，苏军相当长一段时间内缺乏与日军交手的实力和勇气；第三，德国吞并奥地利、占领捷克斯洛伐克、进军立陶宛后，欧洲形势紧张，苏联无暇东顾。日本掌握的上述情况大体属实，但却有失偏颇。苏联通过打入日本高层的“拉姆扎”小组，早已获悉日本政府将苏联列为第一敌对国的《帝国国防方针》以及关东军进攻苏联的《八号作战方案》等重要战略计划，识破日本北上进攻苏联的战略企

① 开战之初日本关东军作战课掌握的苏蒙兵力是：苏军 1 个狙击师（约 9 个大队）、火炮 20—30 门、2 个坦克旅（坦克 150—200 辆）、2—3 个飞行旅（飞机约 150 架），蒙军 2 个骑兵师。参见户部良一ほか. 失敗の本質［M］. 中央公論社，1991：49. 转引自罗卫萍. 二战期间日本情报失误研究及思考［M］. 北京：时事出版社，2014：114.

图。基于此，诺门坎战役爆发后，斯大林清醒地认识到此战虽小却关涉苏联的安危，因而亲自指派朱可夫将军接替第57特别军军长指挥作战，并确保远东苏军能够得到其想要的一切支持。与此同时，苏联还保持与德国的秘密接触，以延缓西线压力。在战事不利的情况下，日本得知苏德两国签订《苏德互不侵犯条约》后，很快便向苏联求和。[①] 诺门坎战役，关东军兴师而来但却惨败收场，使日本彻底放弃了北上进攻苏联的战略企图，转而实施“南进”战略。经此一役后，就连战前狂妄自大的关东军作战课参谋辻政信也不得不承认：“苏联的军事实力在诺门坎事件中我们已经充分地试探过了，从现状来看关东军即使北上攻苏，年内要想达到目的那是根本不可想象的。那么就不如南攻了，因为南方有取之不尽的资源。”[②] 苏联由此巩固了远东地区的战略空间，彻底摆脱了德日两国东西夹击的恶梦，为将来抗击德军侵略留下了广阔的回旋余地。

三、强化国家安全战略手段的作用效力

战略手段是战略目标实现的方法和路径，是对战略资源的配置和对战略实力的运用，是国家安全战略实施活的灵魂。精妙的战略手段可以事半功倍，最大限度地将可资调动的战略资源转化为战略实力，并以巧妙的方式作用于战略客体，以最小的代价实现战略目标。反之，拙劣的战略手段则会事倍功半，甚至无功而返。战略情报对国家安全战略手段作用效力的强化主要体现在以

① 1939年8月23日苏德签订《苏德互不侵犯条约》后，28日日本平沼内阁即宣布辞职；9月3日，日军大本营电令关东军立即停止一切战斗；10日，日本正式向苏联求和，16日双方在莫斯科签署停战协定。

② 松本草平，华野．诺门坎，日本第一次战败：一个原日本关东军军医的战争回忆录［M］．济南：山东人民出版社，2005：308.

下几个方面：

一是有利于生成战略实力，提升资源转化率。战略实力是战略主体实现战略目标的根本依赖，是战略体系中最接近实在的要素。就国家安全战略而言，战略实力即综合国力，是一国能够掌控的所有物质力量和精神力量的总和。鉴于力量仍然是一个抽象概念，为实现对战略实力的计量和比较，许多学者进行过精深的研究，试图将这一抽象概念与现实要素相挂钩。例如，摩根索（Hans J. Morgenthau）认为，战略实力主要由9项要素构成，即地理、自然资源、工业能力、战备、人口、民族性格、国民士气、外交素质和政府质量。[①] 约瑟夫·奈（Joseph Nye）则认为，战略实力由军事力、经济实力和软实力组成，其中软实力主要指文化、价值观、对外政策和国际制度等。[②] 暂且不论战略实力究竟由哪些要素“构成”[③]，我们统一将其称为战略资源。战略实力由战略资源转化生成，且与后者成正相关关系，即在同等转化效率的条件下，战略资源量值越高，战略实力越强；在战略资源既定的情况下，转化效率越高，战略实力越强。战略资源转化效率与战略情报大有关系，有关战略资源的情报掌握越充分，战略资源转化效率才能越高。单以经济力量转化率为例。鉴于情报与信息技术之间的密切关系，在情报掌握程度难以量化的情况下，不妨以信息化投入水平来替代。据测算，资本投入量每增长1%，将使GDP增长0.725%；劳动投入每增长1%，将使GDP增长

① 详情参见汉斯·摩根索．国家间政治：权力斗争与和平［M］．徐昕，郝望，李保平，译．王缉思，校．北京：北京大学出版社，2006：148～188.

② 约瑟夫·奈．软实力——世界政治中的取胜之道［M］．沈俊，王鹏等，译．北京：军事谊文出版社，2006：34.

③ 严格来讲，抽象的概念不可能由实在事物“构成”，而只能由实在事物抽象而来。例如，数字4是个抽象概念，它只能从四个鸡蛋或者四只山羊等实在事物中抽象得出，而不能由它们构成。为了方便阐述，本书仍然沿用传统的观点。

0.235%；信息化投入每增长1%，将使GDP增长1.139%。[①] 其中，信息化投入对经济增长的贡献率最大，是资本投入贡献率的1.6倍，劳动投入的4.5倍。原因无它，信息化投入增加有助于情报的获取和传递而已。情报对资源转化效率的提升作用由此可见一斑。

二是有利于聚集战略实力，形成战略优势。在实力对抗（竞争、博弈）的世界里，从来不存在以弱胜强、以劣胜优，强胜弱败、优胜劣汰才是这个世界的竞争法则和定律。历史上的“以弱胜强”要么是错误地选择了比较对象，有意或无意地以强大的主体替代了事实上的弱者，比较常见的是以整体替代部分；要么是片面地比对实力构成要素的某一方面，有意或无意地忽视了其他要素，比较常见的是凸显物质要素而忽视精神要素。在强胜弱败的竞争法则面前，当战略实力无法在短期内得到大幅度提升时，运用战略实力的核心问题就是如何配置实力，使其在事关战略全局的竞争或对抗中形成战略优势。这就需要掌握对手的实力优缺、力量部署、斗争策略以及虚实所在，因此便需要依赖战略情报支援。1940年，英法两国在主战兵力坦克的数量超过德国的情况下，仍然致使法国沦陷，一个主要原因就在于缺乏战略情报支援，没有掌握德军的闪击策略和行军动向，因而难以聚集己方实力遏制敌人的攻势。因此，《孙子兵法》有言：“故形人而我无形，则我专而敌分。我专为一，敌分为十，是以十攻其一也，则我众敌寡。能以众击寡者，则吾之所与战者，约矣。吾所与战之地不可知，不可知则敌所备者多，敌所备者多，则吾所与战者，寡矣。故备前则后寡，备后则前寡，备左则右寡，备右则左寡，

① 杨培芳．信息生产力发展前景及其重大影响［C］．// 信息社会50人论坛．边缘革命2.0：中国信息社会发展报告．上海：上海远东出版社，2013：99.

无所不备则无所不寡。”[①] 2008 年全球金融危机爆发后，在战略实力相对衰落的情况下，美国显然体味到了上述古老箴言的现实意义，开始实行战略收缩，并推进“亚太再平衡”战略。

三是有助于拓展战略实力，重塑战略态势。不同于以现有资源转化为核心的“生成”，也不同于以既定实力运用为重点的“聚集”，战略实力拓展指的是因认知拓展而对新力量的发现和利用。对“新力量”的发现和利用有两种情况：一是将新要素纳入战略资源构成体系，例如原子能的发现使铀矿成为一种极其重要的战略资源；二是指将新关系纳入战略博弈互动系统，例如国家结盟和联盟分化。无论哪种“新力量”都离不开认知的拓展，因而离不开战略情报的支撑。“齐默尔曼电报”（Zimmermann Note）当是通过战略情报改变战略认知，从而实现战略实力拓展、重塑战略态势的最佳案例。1917 年，第一次世界大战爆发三年后，同盟国与协约国双方均已在欧洲大陆战至筋疲力尽，却又都无意握手言和。作为一个正在崛起的世界性大国，远离欧陆战场的美国成为决定战争胜负的重要力量。美国虽然保持中立，却与协约国联系较为密切，且因商船遭受“无限制潜艇战”攻击而多次向德国政府抗议。为避免美国加入协约国集团，德国外长阿图尔·冯·齐默尔曼企图在美国后院点火，诱使墨西哥进攻美国，从而使美国深陷地区事务而无暇他顾。1917 年 1 月 16 日，齐默尔曼向德国驻墨西哥大使海因里希·冯·厄卡德特发出密电表示：“我们将于 2 月 1 日开展无限制潜艇战。为此，我们应竭力使美国保持中立。如果无法确保美国中立，我们建议在下列基础上同墨西哥结盟：协同作战，共同缔造和平。我们将向墨西哥提供慷慨的财政援助，并对其收复新墨西哥、得克萨斯和亚利桑那等失地

---

① 孙武．孙子兵法·虚实［O］．曹操注．上海：上海古籍出版社，2006：152～156.

表示理解。具体细节由你草拟……"[①] 然而，不幸的是，此电报被英国情报机构"40 号房间"截获并破译。结果可想而知，英国将该电文抄送至美国总统威尔逊，致使原本决定继续保持中立的美国正式对德宣战。"齐默尔曼电报"因此被认为是改变历史进程最深、对时代影响最大的单一情报。

综上所述，战略情报在国家安全战略的筹划和实施过程中发挥着不可或缺、不可替代的作用。这些作用不只存在于历史经验的抽象意义之中，更无时无刻地体现在现实的战略运作过程中。因此，如果从一些历史经验中抽象出的理论作用，对国家安全战略情报的研究也就只能止步于逻辑上的思考，而并不能真正对现实中的国家安全战略筹划产生作用。正如扎根于实践中的理论只有重新运用于实践才能真正展现其活力一样，战略情报的作用只有落实到现实的、具体的职能任务之中才能真正得到展现。

第三节　职能任务

战略情报活动贯穿国家安全战略筹划和实施的全过程。1977 年，美国著名战略思想家和军事理论家约翰·R·博伊德（John R. Boyd）在《冲突的类型》一文中首次提出，战略是由包含观察（Observation）、判断（Orientation）、决策（Decision）和执行（Action）四个环节构成的循环过程，即 OODA 循环（博伊德循环）。[②] 这一观点值得借鉴。单就国家安全战略而言，对应上述四

① The Zimmerman Note［B/OL］.（2009 - 07 - 07）［2015 - 10 - 15］. http://wwi. lib. edu/index. php/The_ Zimmerman_ N ote.

② 有关博伊德的战略理论可参考弗兰斯·P. B. 奥辛格. 科学·战略·战争——约翰·博伊德的战略理论［M］. 杨斌，姚云竹译. 北京：军事科学出版社，2009.

个阶段，战略情报分别承担四项职能，即国家安全战略环境评估、国家安全战略威胁预警、国家安全战略决策辅助和国家安全战略行动支援。

一、国家安全战略环境评估

国家安全战略环境（简称“战略环境”）是在较长时期内影响国家安全全局的内外形势和条件。以是否先于人类社会行为而存在为标准，战略环境可以分为两大部分：一是客观环境，主要是指先于人类社会行为而存在的自然环境，例如地理、气候、水文、生态等；二是社会环境，主要是指由人类社会行为相互作用建构而成的结构性关系及全局性特征，例如时代特征、国际体系、社会思潮等。需要明确的是，客观环境虽然先于人类社会行为而存在，但在限定范围内却有可能受到人类社会行为的影响，并且随着现代科技的发展，此类影响正变得越来越大；社会环境虽然是人类社会行为相互作用的结果，却并不以单一或部分社会行为主体的意志为转移，而是所有社会行为主体共同作用的结果。

战略环境是战略主体生存的依托，是战略主体进行战略筹划和战略实施的前提条件。为全面理解战略环境的重要意义，有必要重温进化论的基本内涵。1859 年，查尔斯·罗伯特·达尔文（Charles Robert Darwin）通过其不朽名著《物种起源》揭示生物进化的秘密时指出，物种进化是自我变异和环境选择共同作用的结果。其中，“自我变异”为物种进化提供了内在可能，而“环境选择”为物种进化提供了淘汰机制，两者共同作用即所谓“物竞天择，适者生存”。[①] 因此，从物种进化的视角来看，战略就是战略主体主动适应战略环境的产物，适应成功则战略成功，适应失败则战略失败。注意，这是物种进化的视角，这里的成功指的是特定物种的成功，而非某一物种下个别行为体的成功。就国家安全战略而言，这里的战略主体并非某个具体国家，而是某些相似类型的国家。举例说明，前现代国家和现代国家就分属两个截然不同的物种。前者建立在君主专制基础之上，依赖集权对国民进行“统治”；后者建立在想象认同基础之上，依赖授权对公民进行“治理”。20 世纪民族主义浪潮席卷全球之时，战略环境开始展现其对战略主体的“自然选择”，君主专制国家一众纷纷倒闭，民族民主国家起而大行其道。

当然，不同于自然界广泛存在的原始物种只是被动地接受选择，由人类构成的战略主体不仅能够主动进行自我改良以适应战略环境的变迁或减少战略环境的束缚，还能够在一定程度上影响甚至构造战略环境，促使其朝向有利于自身利益的方向改变。在客观环境方面，如前所述，借助现代科技，战略主体已经能够在特定范围和条件下实现对战略环境的改造。例如，通过在中低云系中播散碘化银等催化剂，在特定区域实现“人工降雨”；通过植树造林、禁止滥牧等措施，在特定地区防止土地沙漠化进程；只要引爆足够当量的核武器，人类甚至能够在瞬息之间摧毁地球上大多数物种赖以生存的自然环境。在社会环境方面，作为环境构成的要素，以施动者身份出现的战略主体虽然无法直接将自己的意志上升为对战略环境的塑造，但却可以通过自己的行为在与其他行为主体的互动过程中间接影响战略环境。[②] 1919 年，第一

---

① 详情参考达尔文．物种起源［M］．赵娜译．西安：陕西师范大学出版社，2011.

② 关于建构环境方面的论述，可参考亚历山大·温特．国际政治的社会理论［M］．秦亚青译．上海：上海人民出版社，2008.

次世界大战结束后美国总统威尔逊力推建立国际联盟的行为，可被看作是战略主体积极塑造战略环境的一次勇敢尝试。这次尝试虽然因国联的失败而未能成功，但为二战后联合国的建立积累了经验。后者在战后国际社会中扮演的角色虽然仍饱受诟病，但其在各类国际事务中所发挥的不可替代作用表明，战略主体塑造社会环境的举动大有可为。

不论是对客观环境的直接改造，还是对社会环境的间接影响，战略主体对战略环境的主动塑造都离不开对战略环境的认知。前者离不开战略主体对客观环境演变的规律性认知，后者离不开战略主体对社会环境的建构性认知。[①] 战略主体对战略环境的认知水平制约着战略主体对战略环境的塑造能力。1923年，由于不可能接触到社会建构理论，就连斯大林这样的强势人物也认为，战略对于那些“不以无产阶级意志为转移的发展现象”是不起什么作用的，战略既不能取消它们，也不能改变它们，只能估计到它们并以它们为出发点，加速或延缓运动的客观过程。[②] 时至今日，随着人类认知水平的提升，重塑战略环境已经成为许多战略主体的政策选择。例如，为应对中国发展可能对其霸权带来的挑战，美国并未采取传统手段以中国本体为目标发动打击，而是推动多国签署“跨太平洋战略经济伙伴协定（TPP）”，通过重塑世界经济贸易规则，改变当前有利于中国发展的战略环境。从广义战争观来看，美国上述重塑战略环境的行为或可被称作“环境攻击”[③]。这表明至少在美国人眼

---

① 规律性认知是指不以人的主观意志为转移的真理性知识，社会性认知是指社会行为体认为属真的信念。

② 斯大林．论俄国共产党人的战略和策略问题［C］．// 中国人民解放军军事科学院汇编．斯大林军事文集．北京：战士出版社，1980：103.

③ “环境攻击”不同于传统意义上的战争行为，它不以目标国为直接攻击对象，而是通过改变、重塑目标国的战略环境，实现打击目标国家的战略目标。

中，“不以资产阶级意志为转移的发展现象”可能正在减少。照此逻辑推理，不久的将来，“环境攻击”也许将为战争打开一扇前所未有的大门。

综上所述，理解了战略环境与战略主体之间的上述关系，就不难得出战略环境评估（简称“战略评估”）的意义和目的所在：一是认清战略环境的基本特征与发展趋势，评估战略主体是否面临由于战略环境改变所带来的“物种”灭绝类型威胁（即“环境威胁”），推动战略主体根据战略环境变化的特点主动改造自身，或至少防止战略主体在战略筹划和实施过程中逆时代潮流而动，不幸沦为战略环境选择的淘汰品。二是在前者基础上，评估战略主体塑造战略环境的可能性与可行性，为战略主体主动塑造战略环境提供参考。

二、国家安全战略威胁预警

国家安全战略威胁（下文简称“战略威胁”）是指能够对国家安全造成重大损害的危险情况，这种危险情况可能是潜在的，也可能是现实的。战略威胁预警（下文简称“战略预警”）的目标是防患于未然，尽早发现国家安全面临的战略威胁，判明其来源、种类及可能造成的后果，并向战略决策者发出警告，以便战略决策者能够有效化解、遏阻或应对威胁。

战略预警不同于战略评估。虽然两者都是战略情报的重要职能，且都承担着发现和判明国家安全战略威胁的任务，但却存在着巨大差异。战略评估以环境威胁为指向，意在发现因战略环境变化而对国家安全构成的威胁，此类威胁一般具有不可逆的全范围塑造力（杀伤力），在时间跨度上表现为长期性。战略预警则以具体威胁为指向，意在判明具体威胁的属性、来源及危险系数。此类威胁种类繁多、形式各异，但威胁指向明确，且存在的时间跨度相对较短。举例来说，池塘里生活着一只具有战略情报能力的青蛙，天敌水蛇是其战略预警的主要内容，如果蚊虫稀缺，同类其他青蛙也是预警对象，而池塘水位则是其战略评估的主要内容。水蛇一次只能对一只青蛙产生威胁，而池塘水位下降乃至干涸则会对整个青蛙物种造成威胁。此外，因为针对的威胁性质不同，战略评估和战略预警具有不同的适用范围，以环境威胁为指向的战略评估在同类国家间具有普遍适用性，而以具体威胁为指向的战略预警一般只适用于本国自身。

战略预警依赖于对威胁征候的判断。征候是指可供战略情报系统用以判断威胁属性、特征的现象。先秦时期，中国古代先贤就曾借用“履霜，坚冰至”[①] 这样的朴素经验来阐明预警的基本原理，即依据征候判定威胁。此处，“履霜”即为“坚冰至”的征候。以现代军事突袭为例，战略情报系统可将日常军队活动表现出的一套规律性的计划、形态和行为模式作为常规衡量标准，将某些超常规的举动和异常情况作为征候监控的指标和发布预警的门槛。例如，在敌对两国矛盾不断激化的背景之下，无端调集后备部队、提升军队警戒水平、通信活动剧增或骤减等，都可能预示着战争即将爆发。然而，由于在现实中，许多能够侦察到的征候只与威胁存在相对较弱的相关关系，征候并不必然意味着威胁。此外，作为一种可被侦察的现象，征候较易被威胁实施者伪造，用以构建战略欺骗，辅助战略突袭的发动。这也可以用来解释缘何战略突袭总是伴随着战略欺骗而来。[②] 如此一来，考虑到战略欺骗这一智力因素的加入，依靠征候判断战略预警的难度无

① 周易·坤卦［O］．黄寿祺，张善文译注．上海：上海古籍出版社，2007：18.

② 关于战略欺骗的相关内容可参考唐纳德·丹尼尔，凯瑟琳·赫伯格．战略欺骗［M］．中国人民解放军军事科学院译．北京：军事科学出版社，1990.

疑大大增加。

战略预警还可建立在威胁的迟滞基础之上。[①] 所谓威胁的迟滞是指，在威胁已经成为事实的情况下，它仍然需要一段时间来实施，由己方实施的威胁切实转变成为目标国家的损害。一般而言，这段时间相对较短，原因在于威胁实施方确定发动威胁后总是希望尽可能快地对目标国家造成伤害，以达到出其不意的效果，增大威胁的损害程度。例如，假设冷战期间美国决定对苏联发动核打击，当美国洲际导弹从阿拉斯加升空后被苏联侦获，此时威胁虽然已经开始实施，但由于洲际导弹飞越大气层需要时间，苏联就可利用这段时间做出预警，着手准备对美开展报复性核打击。由于是建立在现实威胁迟滞基础之上的，此类预警的成功率可达百分之百；同时，由于迟滞时间相对短暂，此类预警能够产生的作用可能极为有限。

战略威胁预警是战略情报最重要的职能之一，有效的战略预警能够使战略主体有备无患、化险为夷，或至少免于遭受意料之外的突然袭击。失败的战略预警相对复杂，存在三种情况：一是虚假预警，即对根本不存在的威胁发出预警；二是过度预警，即不必要地放大威胁的危害系数、影响范围或紧迫程度，提高预警等级；三是失语预警，即完全没有对国家安全面临的战略威胁发出预警。造成战略预警失败的原因十分复杂，需要具体问题具体分析。以虚假预警为例：造成虚假预警的原因可能是战略情报系统陷入集体性“迫害妄想症”，也可能战略情报系统受到战略对手欺骗而在不觉间成为对手欺骗链条的一环，

① 美国官方将此种预警定义为战术预警。美国《国防部军事及相关术语词典》对战略预警和战术预警的解释如下：战略预警是指威胁性行动开始前发出的警报；战术预警是指威胁性行动开始后依靠机械探测设备发出的警报。详情参见 Joint Publication 1 – 02：*Department of Defense Dictionary of Military and Associated Terms* [D]，12 April，2001：429.

又可能是战略情报系统自身妄图以虚假欺骗达成不可告人之目的而故意为之，当然最有可能是因为错误判断征候而过早做出预警，等等。但不论是何原因，失败的战略预警都有可能对整个战略筹划和实施造成极为严重的后果：（1）在做出预警的情况下，不论是否被采纳，都会不可避免地分散战略主体的决策精力，增加战略主体错失战略时机的概率。如若被采纳，过度预警会造成战略资源低效配置，致使战略能力效用相对降低；虚假预警则会造成战略资源错误配置，致使战略能力完全空耗。（2）在失语预警的情况下，战略主体则会因毫无防备而遭遇战略突袭，不可避免地陷入战略被动，受制于人。相较而言，虚假预警和失语预警对国家安全造成的损害最为严重，过度预警相对较小。

此外，战略预警失误还会间接使战略情报系统本身遭受难以估量的损失，尤其是在战略情报的可信度方面。信任是战略情报系统存在的基础，失去信任，战略情报系统就失去了存在的价值。战略预警事关国家安危，战略预警失误一方面必然会使战略情报系统招致严厉指责、处罚和整改，另一方面则会损害战略情报系统自身的可信度。就整改而言，可以预想的改进之策是，在实现准确预警难度较大的情况下，两害相权取其轻，虚假预警和失语预警必然倾向于向过度预警靠近。最终，战略预警极有可能"闻风而动"，走向频繁过度预警的陷阱。然而，过度预警相对较小的单次损害却会在频繁之中无限放大，对整个战略情报系统的可信度造成负面影响。决策者会因频繁的过度预警而心生麻痹，致使战略预警作用弱化，产生"狼来了"效应。朝鲜战争爆发前，南北双方因高频发生边界冲突，致使美军由最初的警觉转变为麻痹大意、习以为常；第四次中东战争前，以色列军事情报局[①]非常重视埃及在边境线上展开的军事演习，但由于埃及军事演习不断重复进行，以方国家和军队高级领导人的敏感性和警惕性被情报机构频繁的“过度预警”连续愚弄后，终于对“狼来了”习以为常，最终招致第四次中东战争的失利。

对战略情报系统而言，过早发出警报等同于虚假预警，过迟发出警报等同于没有预警；过多发出预警会削弱战略预警的可信度，过少发出预警则又会增大预警失误的可能性。这就是战略预警的困难所在。以恐怖袭击战略预警为例：由于恐怖活动较为隐蔽，且多以公众为袭击对象，对恐怖袭击进行预警不仅需要抓住一些极其细微的征候，还面临如何发布预警的两难问题：如果向公众发出警告，恐怖分子就会知道袭击计划已经泄露，情报来源就会受到威胁；恐怖分子如果因知悉计划泄漏而取消袭击，公众就会误以为预警有误，从而产生“狼来了”效应。如果不向公众发出警告，公众则有可能真正成为恐怖袭击的受害者。因此，战略预警的关键不在于发现威胁，而在于准确判定威胁的危险等级、危害范围和紧迫程度，适时适度发出警报。既要避免频繁发出警报，又要及时让决策者认识到真正威胁，这是战略情报系统进行战略预警必须权衡和处理的一对矛盾。

三、国家安全战略决策辅助

决策的本质是选择，没有选择就没有决策。根据理性选择理论的基本观点，决策是意愿（Desire）与信念（Belief）结合的产

① 英文缩写“AMAN”，因此又被称作“阿曼”或“阿穆恩”，意为“情报之翼”。阿曼隶属以色列国防军总参谋部，职能与美国国家安全局相类似，与“摩萨德”（中央情报与特殊使命局）和“辛贝特”（国内安全总局）共同构成以色列国家安全战略情报体系。

物。意愿是动机，是指“为”了得到某种东西；信念是认识，是“关于”这种东西本身的知识。[①] 意愿含有先天固有的本性，但也可通过后天习得，而信念只能依赖后天习得。先天本性来自于基因遗传，后天习得依赖于知识获取。没有意愿，行为主体就缺乏“主动作为”的动力；没有信念，行为主体就缺乏“有所作为”的知识。举例来说，大楼发生火灾，楼里的人出于求生本能产生逃离火场的意愿，但做出逃离决策不仅需要意愿驱动，还依赖于逃离火灾所必需的知识，如安全通道位置、逃生技能等。一般而言，意愿倾向于使客观世界符合主观思维，而信念则倾向于使主观思维符合客观世界。[②] 因此，决策经常是意愿与信念相互妥协的结果。

理性选择理论建立在四个假定前提之上：一是理性人追求自身利益的最大化；二是在特定情境中有不同的行为策略可供选择；三是理性人相信不同的选择会导致不同的结果；四是人在主观上对不同的选择结果有不同的偏好排列。上述假定同样适用于国家，因此也可作为分析国家安全战略决策（下文简称“战略决策”）的基本框架。在战略决策领域，意愿是指驱动国家行为的内在动机，主要表现为国家希望得到某种东西的需求，即国家利益需求；信念是关于如何满足国家利益需求的知识。国家的意愿既来自于先天本性，如自然禀赋、政权类型和宗教信仰；也来自于后天习得，如行为认知、历史记忆和文化传统。前者具有较强的稳定性，因而表现出相对持久的选择偏好；后者在行为认知阶段未能形成定势时，会表现出一定程度的灵活性和适应性，但若经过不断强化成为历史记忆和文化传统后，就会具有相当程度的

① G. F. Schueler. *Desire* [M]. Cambridge, MA: MIT Press, 1995: 125.

② 亚历山大·温特. 国际政治的社会理论 [M]. 秦亚青译. 上海：上海人民出版社，2008：117.

稳定性。国家的信念完全来自后天习得，即通过知识获取建立有关如何满足国家利益需求的信念。意愿和信念共同构成了战略决策，在先天本性相对稳定的情况下，习得性认知就显得十分重要，它不仅能够构筑意愿的后天成分，还能够建立国家关于如何实现意愿的信念。这就可以解释，为什么同一个国家有时倾向于采取防御型战略，维持现状，而有时却倾向于进攻型战略，竭力改变现状。

以日本近代以来的战略决策为例。地理面积狭小、生产资源匮乏等岛国固有的自然禀赋，使日本先天具有一种“向外求索”的外向型偏好；有关中国“物华天宝”的价值认知和历史记忆，使日本产生了强烈的中国“需求”；二者结合，共同构建了日本意识深处的国家意愿（利益需求）。意愿为战略决策提供了动机，但没有提供实现的方法。因此，同样的意愿既可以驱动日本大规模派出“遣唐使”学习中国，也可以驱动日本侵略扩张用武力解决“大陆问题”。正如马克斯·韦伯（Max Weber）所言，“直接影响行为的因素是物质和精神的利益。但是，‘观念’确立的‘对世界的认识’却经常像扳道工一样起到确定方向的作用，使被利益驱动的行为沿着某一方向行进。”① 由是，完全地解释战略决策还有赖于国家关于“如何实现意愿”的信念。近代以来，中国屡战屡败、割地赔款的孱弱形象，间接促使日本形成了“开国进取、取长补短”② 的国家信念；这一信念在1874年迫使清政府签订《北京专约》承认琉球为其保护国后，开始朝着武力扩张的方向演变，尔后经过甲午战争、日俄战争等叠加强化成为一种历

① H. H. Gerth, C. Wright Mills. *From Max Weber* [M]. New York: Oxford University Press, 1946: 280.

② 明治维新初期日本喊出的口号。

史记忆，并最终演化成为无限膨胀的军国主义。[①] 依此推理，当前日本关于历史问题的反复，绝不只是态度问题。历史记忆绝不只是记忆，它还是一种界定国家意愿和建立国家信念的观念。错误的观念如若没有得到反省，尘封的记忆就有可能被唤醒，重新投射到现实决策之中，再次影响该国的战略走向。

信念激活意愿并引导意愿。在战略决策过程中，建立在知识获取基础上的信念不仅在界定国家意愿时发挥着不亚于先天禀赋的作用，而且在确立实现国家意愿的手段中具有决定性作用。从情报学的视角来看，知识获取的过程就是情报生产的过程。[②] 因此，战略情报主要通过帮助确立信念辅助战略决策。依照理性选择理论的分析框架，借助于信念，战略情报主要从以下方面辅助战略决策：

一是确保战略决策建立在真实信念之上。因为构成国家意愿的先天因素具有持久的稳定性，若假定其为固定的常量，信念就成为了解释战略决策差异的唯一变量。所以，信念就成为关涉战略决策方向的决定性因素。由于信念确立的条件有且只有一条，即决策者认为信念属真，信念在事实上是否属真却变得“不甚紧要”。正因为如此，战略决策往往成为虚假信念的牺牲品。在国家安全战略博弈过程中，由于受到认知相符、诱发定势和历史包袱等认知局限的影响，战略决策者经常会产生错误知觉，从而建

① 关于近代以来日本对中国的认知可以参考野村浩一．近代日本的中国认识［M］．张学峰译．南京：江苏人民出版社，2014．杨栋梁．近代以来日本的中国观［M］．南京：江苏人民出版社，2012.

② 1967 年，英国情报学家布鲁克斯（B. C. Brookes）提出了一个用准数学形式表述的情报与知识关系的基本方程式：K［S］＋ΔI＝K［S＋ΔS］。其中，K［S］为原有知识结构，ΔI 为吸收的情报量，K［S＋ΔS］为新的知识结构。布鲁克斯将情报定义为，“使人原有知识结构发生变化的那一小部分知识。”参见叶鹰，武夷山．情报学基础教程［M］．北京：科学出版社，2012：16～17.

立虚假信念，做出错误决策。[①] 例如，俄国沙皇因怀有“不再生长壮大的生物就会开始腐烂”这样的信念，使得沙皇俄国不断寻求对外扩张；约翰逊政府因坚信“多米诺骨牌”效应而深陷越南战争的泥沼；在战略博弈中，许多国家因为坚信增强军备能力能够确保自身安全，而引发军备竞赛，致使自己身陷安全困境。为避免战略决策受到虚假信念的误导，战略情报的首要职能就是要尽力确保信念为真，使决策者做出战略选择的主观认知符合战略实施的客观环境。据此而言，没有一流的情报保障，就没有高效能的战略决策。[②]

二是界定战略目标选取的范畴。国家在追求利益时总是受到一种先天固有的内在冲动影响，倾向于实现国家利益的最大化。这一倾向在战略决策中常常表现为确立过高的战略目标或是企图同时达成多重目标，从而超出战略能力的负荷，招致战略失败。二战中轴心国招致失败恶果的根本原因就在于此。不论是德国、意大利还是日本，都设定了过高的战略目标，以致目标与手段失衡。战略设计产生的失误无法通过战术行动进行弥补。苏德战争中，虽然1941年德军在战场各个方面都取得了“光荣的胜利”，但到了1942年，战略设计失误造成的后果开始显现，德国即使调动所有资源也无法再发动一次大规模攻势。此时，胜利虽然就在眼前，却已经变得遥不可及。因此，战略情报对战略决策的辅助，就是要在建立真实信念的基础上，辅助战略决策者合理限定国家意愿，避免国家利益需求过度膨胀，保持战略目标与战略手段的基本平衡。

三是优化战略手段选择的可能。与无限扩大战略目标的内在

---

① 有关战略决策中错误知觉的论述可参见罗伯特·杰维斯．国际政治中的知觉与错误知觉［M］．秦亚青译．上海：上海人民出版社，2015.

② 杨毅，唐永胜等．国家安全战略研究［M］．北京：国防大学出版社，2007：53.

冲动相反，决策者总是力求以最小的代价实现最大的战略目标，即战略手段最优化。最优化从来都不是单一手段的最优化，而是各种手段组合的最优化。然而，在战略决策的实际操作过程中，由于同时驾驭多种手段并使其相互支撑形成合力需要高超的技巧，决策者经常会在不经意间将其蜕变为互不相干甚至相互排斥的“多重分裂”，或者化约为单一手段的线性接续。前者以法兰西第二帝国为代表，后者以德意志第二帝国为表率。拿破仑三世的中欧战略，既遵循黎塞留的政策，设法保持中欧各国各自为政的分裂现状；又支持革命主张，赞成民族自决，无视中欧地缘政治的风险。① 经过三次王朝战争实现统一后，德意志因采用俾斯麦的组合手段而迅速崛起，却因后人无法理解其复杂安排而逐渐化约为单一的军事手段。②“高超的技巧”需要建立在对各种战略手段精深理解的基础上。因此，与限定战略目标的范畴不同，在战略手段选择方面，战略情报要尽可能多地辅助决策者理解其面临的现实环境，就一切能够实现利益需求的可能手段及其组合提出建议，并全面分析各种手段适用的情境以及可能产生的后果。

美国国家安全局（NSA）前局长迈克尔·V. 海登（Michael V. Hayden）上将认为，战略情报的职能是“准确、及时地向决策者提供有关外部力量、组织、个人及其代理人的能力、意图和行为等方面的信息”。③ 他只看到了战略客体而忽视了战略主体自身。为实现目标与手段的平衡，战略情报不仅需要关注战略客

① 有关拿破仑三世战略决策的评价可参见亨利·基辛格．大外交［M］．顾淑馨，林添贵译．海口：海南出版社，1998：98～99.

② 有关俾斯麦战略选择的评价可参见亨利·基辛格．大外交［M］．顾淑馨，林添贵译．海口：海南出版社，1998：125～127. 徐弃郁．脆弱的崛起：大战略与德意志帝国的命运（修订版）［M］．北京：新华出版社，2014：103～107.

③ Lieutenant General Michael V. Hayden, U. S. A. F., Director of NSA. *Address to Kennedy Political Union of American University*［EB/OL］.（2000－2－17）［2015－9－30］. http：//www.nas.gov/releases/relea00058.pdf.

体，还要关注战略主体本身。只有真正做到“知己知彼”，才有可能对二者进行比较，从而掌握彼此的战略优势和不足，以己之长攻敌之短，在权衡之中实现战略手段的最优组合以及战略目标的最大实现。

四、国家安全战略行动支援

战略行动是具有全局意义的重大行动，是战略实施的核心构成。在战略实施过程中，战略目标的达成依赖于具体战略行动的成功推进，而战略行动的成功离不开战略情报的支援。战略情报不仅需要及时掌握战略态势变化情况，为战略行动指明方向；还需要准确评估战略行动效果，为战略调整提供依据。通过对二战后美国一系列战略行动的考察，能够更明晰地阐述战略情报对战略行动的支援职能。

一是支援外交战略行动。外交是指国家的对外交往活动。通过成功开展外交活动，国家可以实现提升国际地位、维护国家安全等作用；反之，外交失利则有可能造成国家战略被动，甚至使国家身陷危境。《孙子兵法·谋攻篇》指出：“上兵伐谋，其次伐交，其次伐兵，其下攻城。”在孙子看来，维护国家安全的最优策略莫过于使用谋略，消弭矛盾于无形之中，从而避免使国家安全受到威胁；其次是在谋略未能奏效以致矛盾凸显、国家安全环境恶化时，通过谈判、妥协等外交手段化解矛盾，从而避免矛盾激化以至失控。外交政策决定了一个国家对外交往的基本原则，从而决定了一国能否从外交活动中获益，以不战而胜的和平手段实现维护国家安全的目标。基辛格在总结红衣主教黎塞留的政治生涯时指出，“成功的外交政策有一项内容不可或缺：一个基于通盘分析的长期战略观。”[①] 此处“通盘分析”即是战略情报工作的重要职能。

二战结束后，在美苏因处理战争遗留问题而摩擦不断时，1946 年 2 月，美国驻苏使馆临时代办乔治·凯南发出的 8000 字长文电报及其 1947 年 7 月发表于《外交季刊》的《苏联行为的根源》一文，对苏联的理论、意图、政策和做法以及美国的对策，提出了全面的分析和建议。文章指出，美苏之间不可能结成友好政治关系，美国必须视苏联为对手而不是伙伴，因此美国必须针对苏联的对外扩张倾向制定一种“长期的、耐心而又坚定的、警惕的”遏制政策。凯南认为，如果对苏实行 10 年、15 年的遏制，其结果很可能是苏联“一夜之间就从一个最强的国家变成一个最弱和最可怜的国家。”这种以实力促使苏联和平演变的遏制理论奠定了二战后美国对苏外交政策的基调，为美国在与苏争霸过程中最终能够以苏联解体的方式不战而胜打下了基础。

除协助制定外交政策外，战略情报还肩负着监督各种条约履行情况的重任。条约是两个或两个以上国家或国际组织等国际社会行为体，就相关事务共同议定或签订的，规定签约方在约定事务中权利与义务的法律文书。广义上的条约包括专约、公约、协定、议定书、换文、宪章和规约等多种法律文书，签约方通过缔结条约可以达到多重目的。例如，条约既可以是签约国增进互信、加强彼此关系的积极举动，如签订同盟条约；也可能是为缓解安全压力、获得战略缓冲的消极措施，如签署停战协定。前者或许还好，由于签约方拥有共同的战略目标，背信弃义的可能性相对较小；而后者，签约方缔结相关条约完全是一时之举，条约的可靠性相对较低，甚至不排除签订条约本身就是签约方施展的

① 亨利·基辛格．世界秩序［M］．胡利平，林华，曹爱菊译．北京：中信出版社，2015：18.

一种战略欺骗手段。如何确保条约得到切实履行而不是一纸空文，就成为战略情报系统的一项重要工作。例如，20世纪70年代，美苏在进行军备控制谈判期间，如何通过情报监督各方履行条约情况一直是双方谈判的重要议题。

二是支援经济战略行动。马歇尔计划可被看作是二战结束以来美国最成功的经济战略行动，它迫使欧洲各国必须在苏联和美国之间做出选择，直接导致了北大西洋公约组织的产生。马歇尔计划的实施基于如下判断：一是“如果美国不支持欧洲进行自助，欧洲将不可避免地走向暴政统治”[①]；二是“一个受华盛顿密切监视的、统一的援助计划能够获得和平与繁荣，既可以帮助西欧恢复经济、稳定政治，削弱共产党，又有助于多边世界贸易和美国的经济繁荣与安全。”[②] 上述两个基本判断并非凭空产生，而是来自美国对战后欧洲严峻的经济形势、动荡不安的社会形势和共产党力量不断壮大等情况的掌握。例如，就法国共产党力量发展情况，美国掌握到法国“颇得人心”的国防部长比尤为共产党前游击队员，共产党控制着法国最大的工会，法国选民将近1/3投共产党的票，等等。在正式提出马歇尔计划之前，美国又专门成立由国务院负责情报事务的特别助理国务卿威廉·埃迪、陆军部的乔治·林肯准将和海军部的伍尔里奇少将组成的三人委员会，就美国可能受到的援助请求进行研究；并组建以乔治·凯南为首的国务院政策设计委员会，专门研究欧洲复兴问题。此外，美国还借参加在日内瓦举办的联合国贸易与就业国际会议筹备委员会之机，派出国务院负责经济事务的副国务卿克莱顿赴欧洲实地考察，获取关于西欧经济形势的一手资料。实地考察后，克莱

---

① U. S. Congress. *Minutes of the House of Representatives*, *Hearings on European Recovery Program* (*ERP Hearings*) [R]. U. S. GPO, 1948, 80th Cong. 2d sess: 1830.

② Thomas Paterson. *Soviet - American Confrontation*: *Postwar Reconstruction and the Origins of the Cold War* [M]. Johns Hopkins University Press, 1973: 207.

顿得出的结论是，“零敲碎打的紧急援助已经无济于事，给钱和贷款固然重要，但关键是美国援助欧洲的政策需要调整。”①

三是支援隐蔽战略行动。隐蔽行动（Covert Action）② 是指为维护国家安全和国家利益，战略决策者在温和的外交行动和公开的军事行动之外做出的第三种选择，是介于和平与战争之间的一种非常规举措，目标是在掩盖自身作用或者至少无须公开承认的情况下，对涉及自身国家安全和国家利益的外部事务施加影响。美国前国务卿、国家安全事务助理基辛格曾就隐蔽行动有过一段描述：“在一些复杂的情况下，军事行动不太适用而外交活动又无法产生效果时，就需要情报界在这些灰色地带维护美国国家利益。”③ 隐蔽行动多在“灰色地带”展开，因而特别需要情报系统支援，以提高行动的成功率。此外，因情报活动长期沿袭的“秘密”传统正好与隐蔽行动的“隐蔽”要求相符，情报系统因此常常在隐蔽行动中担负超越“支援”职责的重任。

隐蔽行动因发起国隐身背后施加影响，不易引发公开的外交和军事对抗，从而成为冷战期间大国博弈惯常采用的“第三种选择”。美国认为，隐蔽行动包含心理宣传战、政治战、经济战和准军事行动四大组成部分。心理宣传战是指通过印发宣传品、举办展览、召开会议等多种形式，对他国民众进行心理宣传战，使其对本国的价值观念和生活方式产生怀疑，进而接受己方的价值观念甚至文化认同。冷战期间，在美国国务院和中央情报局的幕

---

① 沈志华．冷战时期美国重大外交政策案例研究［M］．北京：经济科学出版社，2013：25.

② 由于隐蔽行动暗含“秘密行动”“见不得光”等意味，常常被认为是超出法律范围之外的行动，为避免引起争论，美国经常委婉地称其为“特别行动”。

③ Comment，“*Evening News*”，NBC，January 13，1978. 转引自 Loch K. Johnson. *Strategic Intelligence III*：*Covert Action*［M］. Westport，CT：Praeger Security International，2007：Preface xii.

后操纵下，“自由欧洲委员会”打着民间组织的招牌，建立“自由欧洲电台”（Radio Free Europe），组建出版社，对东欧各国进行反苏反共宣传，挑拨离间苏东国家的党群关系、干群关系、各国政府之间的关系等，增强人们对西方生活方式的向往，鼓动他们造反。米歇尔·纳尔逊在其《黑色天国的战争：冷战期间西方的宣传战》一书中认为，西方世界之所以赢得冷战，不是通过武器，而是通过无线电广播“不战而屈人之兵”。[①] 心理宣传战不仅能够达到“不战而胜”的目标，而且代价小、成效大。[②] 政治战是指通过采用支持、援助目标国的政党、机构、团体、个人等政治势力，策反、收买代理人，扶植符合自身利益的政府，颠覆敌对政府乃至政治制度。20 世纪 80 年代，美国政府不惜花费重金，秘密资助波兰反政府组织“团结工会”，为其提供通讯、印刷等设备，助其扩大势力、夺取政权，最终为东欧剧变打开了一个缺口。准军事行动介于直接军事行动和非军事行动之间，是指秘密向目标国家的反政府武装、流亡组织、叛乱分子等提供经费、军事物资、军事训练，甚至参与组织、策划和指导军事行动和颠覆活动，在目标国家进行武装破坏，手段包括投毒、纵火、爆破、袭击、暗杀、煽动骚乱等。1979 年 12 月苏联入侵阿富汗之后，美国秘密支援阿富汗反政府武装，通过巴基斯坦政府将武器装备等转交给阿富汗反政府武装，暗中阻挠苏军行动，就是一场典型的准军事行动。

当然，对军事战略行动的支援是战略情报职能的应有之意。

---

① Michael Nelson. *War of the Black Heavens: the Battles of Western Broadcasting in the Cold War* [M]. Syracuse, NY: Syracuse University Press, 1997: Preface xiii.

② 美国空军曾经得出结论：空军每杀死敌军一个士兵平均花费 4500 美元，但通过心理宣传战使其归顺效忠仅需 750 美元。参见 Scott Lucas. *Freedom's War: The American Crusade against the Soviet Union* [M]. New York: New York University Press, 1999: 129.

情报发展演进最持久的动力正在于此。因其几近不言自明，且论著颇丰，此处不再赘述。

综上所述，在战略运作体系中，战略情报扮演着不可或缺的角色。它既是战略决策的认知先导，也是战略实施的参照标引。完整的战略运作体系由战略情报、战略决策和战略实施三者共同构成，缺一不可。战略决策的要义在于权衡，战略实施的根基赖于行动，战略情报的价值源于内容。对于战略情报而言，没有内容就没有价值。这也是厘清战略情报定位、作用与职能的意义所在。

第三章

国家安全战略情报内容体系

战略情报的内容庞杂而繁复。美国战略情报之父肯特认为，情报就是知识，它即便没有包含全部知识，也至少包含着“数量惊人”的知识。[①] 在当今这个知识爆炸的时代，任何试图穷尽战略情报内容的作法都无异于“恒河数沙”，不仅不可能，而且无必要。但若就此对其不闻不问，情报活动则会流于混乱，陷入另一个极端。适切的做法，是采用粗线条的“写意”手法，对其要旨和关键进行结构性的解析和限定[②]。出于对学理探讨和实践运用两方面的考虑，战略情报内容可从知识结构、需求结构和功能结构三个方面进行分析。

第一节 “知识”结构：战略分析的背景框架

战略情报是知识。因此，对情报内容的构成分析理应能够无

① 谢尔曼·肯特．战略情报：为美国世界政策服务［M］．刘微，肖皓元译．北京：金城出版社，2011：3.

② “结构”最初只具有建筑学的意义，意指建造大楼的方式。17 世纪晚期以来，“结构”一词的意义逐渐拓宽，人们开始用这个术语描述由局部构成整体的过程。关于结构主义的源流详情可参考弗朗索瓦·多斯．结构主义史［M］．季广茂译．北京：金城出版社，2011.

障碍借鉴知识理论（哲学上又称认识论）的相关成果①。然而，由于知识理论流派众多，且多为哲学上形而上的思辨，一些观点不仅相异甚至相悖，应用起来难度不小。好在实践运用多数情况并不需要对工具原理的完全理解，如同运用计算机写论文并不需要掌握中央处理器、内存和硬盘等低层硬件之间的内部通讯原理一样，只需熟悉其顶层的使用规则即可。借鉴知识理论对知识的基本分类，战略情报内容至少由对象性知识、能力性知识、状态性知识和关联性知识四个方面构成。

一、对象性知识

对象性知识是关于人、物等一切存在对象的知识。在以语言为主体的符号系统产生以前，对象性知识只能通过认知主体的直接经验获取，因此又被称为熟悉的知识（Knowledge by Acquaintance）或知觉知识。此时，由于无法进行信息传递，对象性知识的获取被严格限定在认知主体能够直接触及的范围内。这使得对象性知识在事实上成为波兰尼（Michael Polanyi）口中的内隐知识②。其结果是，每一个认知主体都需要从头开始，凭借直接经验获取对象性知识。以语言为代表的符号系统出现后，对象性知识摆脱了直接经验的束缚，成为可以在语言系统覆盖范围内二次

① 有关知识理论的流派和观点可参考 Louis P. Pojman. *What can we know?: An Introduction to the Theory of Knowledge*, 2e [M]. Belmont, CA: Wadsworth Publishing Company, 2001. Paul K. Moser. *The Oxford Handbook of Epistemology* [G]. Oxford: Oxford University Press, 2002. Noah Lemos. *An Introduction to the Theory of Knowledge* [M]. Cambridge, UK: Cambridge University Press, 2007. 等等。

② 迈克尔·波兰尼（1891—1976）是英国现代著名哲学家，1958 年发表《个体知识》一书，全面系统地阐述了内隐知识（implict knowledge）的相关问题。波兰尼认为，内隐知识是指存在于个人大脑中或某个特定环境下的，难以正规化、难以沟通的知识。

传递的间接经验。人类的认知范围和能力得以超越个体经验和生命单位的限制，在群体交流和代际传递中不断积累拓展。

对象性知识不仅指涉人、山川、星辰等实体存在，也包含以文化、观念、意识形态、技术等为代表的非实体存在。对象性知识是人类认知拓展的基础，主要关注存在事物的基本特征，在比较中发现差异和共性，进而对万事万物进行区分和界定，最终回答“是谁/什么”这个问题。例如，作为人类知识大厦的基石，物理学已经建立起了大到行星、恒星、星系、宇宙，小到原子、质子、电子、夸克等一系列从宏观到微观界定鲜明的对象性知识体系。对象性知识是人类认知体系的起点和基础：知识从个别知觉对象开始，然后发展成为对个别事物的认识，然后形成存在事物的局部组合和排列，最后产生对可能存在事物的猜测。[①] 因此，对象性知识越牢固，建立于其上的知识体系就越成熟。人类知识体系由物理学、化学、生物学到社会学，解释力递减的现象在一定程度上证实了这一论断。

就战略情报而言，对象性知识就是关于战略体系所有构成要素的基本认知，例如作为体系行为者的个体人、族群、部落、民族、国家和国家联盟，作为体系环境构成要素的山川、河流、陆地、海洋和气候，等等。它们就像语言中的词语一样奠定了战略主体对战略体系这个语言系统的理解基础：战略主体可以通过对对象性知识的“分析性判断”[②]，不断挖掘、解析、阐明

① 丁尔苏．符号与意义［M］．南京：南京大学出版社，2012：52.

② 知识理论中的哲学概念。分析性判断或分析陈述是指那些谓词隐含在主语之中的陈述，例如“人是理性动物”、“所有的母亲都是女人”等。因此，分析性判断属于阐明性质，并没有包含新的东西。与其相对应的是综合性判断，即谓词作为通过综合经验而获得的全新特征附加于主语的陈述，属于扩充性质，包含新的内容，例如“土耳其于2015年11月24日在土叙边境击落俄罗斯1架苏－24战机”。

其中隐含的意义。正如维特根斯坦所言，对象包含着一切状态的可能性。[①] 当然，仅仅满足于知道“是什么”只是对存在对象的独立、静态地把握，只有在变化中追踪一切可能的状态，并通过“综合性判断”将其附加至对象，才能全面、动态地把握对象全部内涵。

二、状态性知识

状态性知识是对存在对象在特定时间、空间等量纲（Dimension）上所呈现的尺度的描述。状态性知识是对现象特征的追踪，是知觉经验的产物。状态性知识是对“是什么样”的回答。例如，月球围绕地球运转；中华人民共和国国旗是红色的；朝鲜半岛地处东北亚，西北与中国接壤，东部濒临日本海，与日本隔海相望；2014 年，以购买力平价计算，中国国内生产总值（GDP）超越美国，成为全球最大经济体；2015 年 12 月 14 日，欧洲复兴开发银行（EBRD）理事会通过决议，决定接纳中国加入该行；等等。凡是能够被知觉经验的事物必可被量度。自然界，常常用来描述事物的量纲，包括时间、空间、温度、能量、质量和速度、强度、密度、频率等。前者属于基本量纲，可以描述一切自然存在事物的尺度。因此，康德的名言“一切事物都在时间之中出现”也适用于空间、温度、质量等基本量纲。后者属于合成量纲，均由前者复合推导得出，只能适用于特定条件之下。例如，速度 = 距离/时间，只有当存在对象在时间和空间同时量度时才有意义。

不同于自然界，在自组织的社会领域，复杂性无处不在。除

① 维特根斯坦．逻辑哲学论［M］．北京：商务印书馆，2009：逻辑哲学论，27.

去时间、空间等少数基本量纲外，描绘社会存在状态的量纲有许多合成量纲，甚至是复杂量纲[①]，因而在尺度上表现出极大的模糊性。例如，在描述人与人之间的交往现象时，有敌对、不友好、冷漠、融洽和友好等状态。然而，由于量纲复杂，尺度难以精确把握，各个状态之间存在极大的模糊空间：敌对与不友好如何区分？与冷漠又如何区分？与友好之间隔着多少“冷漠”？当状态性知识的描述对象上升至复杂程度更高的国家层面时，这一情况表现得更加突出。例如，在描述国家之间的交往状况时，抛除相对清晰的和平状态与战争状态，从和平到战争之间存在一个巨大的模糊空间；在描述国家在国际体系中所处的地位时，除去少数实力超群的国家被标定为“极”之外，其他为数众多的国家常常被模糊性的阴影所掩盖。状态可以被描述，但是不能被命名。[②] 描述语言的匮乏正是复杂量纲在尺度把握上的模糊性所产生的结果。

状态性知识是对现象的描述，是对事实（Facts）的反映。状态性知识就好比一面镜子里映照出的外部世界的投影，虽然可能因为人类的认知局限而发生扭曲或者不甚完善，但却是对事实最直接、最直观的反映。然而，事实不能自作解释[③]，事实只是在特定量纲标准下展现自身的尺度。因此，为达成对事物状态的理解，人类还需借助抽象思维，引入“能力”和“关联”两类基本知识，找出事实背后的原因及彼此之间的关联。

---

① 复杂量纲是具有复杂性的量纲。与合成量纲不同，复杂量纲无法通过基本量纲推导得出，因此无法被量化。

② 维特根斯坦．逻辑哲学论［M］．北京：商务印书馆，2009：33.

③ 参见张五常．经济解释（卷一）：科学说需求（神州增订版）［M］．北京：中信出版社，2010：38.

三、能力性知识

一般而言，能力（Competence）是指主体主动或被动影响客体所体现出来的素质，换言之，存在对象通过能力影响和改变其他事物。从知识理论的角度来看，能力是对存在对象状态变化现象的解释，是对“为什么如是”这一问题的回答。状态性知识主要通过观察、触碰、听闻、嗅探等知觉经验获得，而能力性知识只能通过对状态性知识的抽象思考获得。以当前物理学的主流观点来看，自然界的存在和运行离不开四大基本力[①]，即强核力、弱核力、电磁力和引力。其中，前面三者解释了微观粒子层面各存在对象的运行法则。例如，质子和中子通过强核力结合成为原子核；在宇观层面，各星体在引力的相互作用下，确定自己的运行轨道，并构建相对平衡的星系组合。

在人类社会中，不论是个体人还是群体组织，社会单元都能够通过权力影响或改变其他单元。如同宇宙的运行状态需要抽象出多种“能力”进行解释一样，人类社会的运行状态也无法由某一种力单独推动。例如，国际政治学大师摩根索认为，权力是支配他者意志和行动的控制力；这种控制力来源于三个方面：一是对利益的期待；二是对损失的恐惧；三是对领袖或制度的景仰和爱戴。[②] 美国前国家情报委员会主席约瑟夫·奈认为，实力是影响他人行为以达成自身目的的能力，并将其分为硬实力和软实力，且软实力在信息时代“至关紧要”。因此，政治在信息时代

---

① 此处仅为一种通俗的说法，根据物理学研究成果，解释宇宙运行状态的力远不止四种。

② 参见汉斯·摩根索．国家间政治：权力斗争与和平［M］．徐昕，郝望，李保平译．王缉思校．北京：北京大学出版社，2006：30.

可能就是看谁更会“讲故事”。[①] 未来学家阿尔文·托夫勒（Alvin Toffler）认为，权力与欲望相关，是能满足他人欲望的能力。因此，“能满足他人欲望的能力越大，就越能掌握权力的来源”[②]。不论如何称谓，权力也好，实力也罢，它们本质上都是对人类社会各单元构成相互影响、相互作用的解释，因此都属于能力性知识的范畴。综合分析，人类社会运行背后至少存在三种不同类型的“能力”，即武力、益力和念力。武力以暴力为后盾，直接作用于对象的物质层面，一般通过武力打击或武力威胁，迫使对象做出改变；益力以利益为后盾，直接作用于对象的行为层面，经常通过利益诱惑或利益许诺，诱使对象做出改变；念力以理念为后盾，直接作用于对象的精神层面，主要通过文化吸引或价值认同，吸引对象做出改变。

以上三种“能力”各自源于不同的作用机理，因而分别适用不同的情况，内含不同的局限。武力的效用产生于对暴力的恐惧，遵循“强权即公理”的霸权逻辑，即只要力量足够强大，即可违背对象意愿行事，直接达成自己的目标；但因为“哪里有压迫哪里就有反抗”，依赖武力达成的效果必不可持久，且会引发作用对象伺机报复这一难以消除的负作用。益力的效用来自于对欲望的满足，遵循“天下熙熙皆为利来，天下攘攘皆为利往”[③]的商业逻辑，即只要利益输送到位，没有不能收买的对象；然而由于“没有永远的朋友，只有永远的利益”，依赖益力取得的成果并不牢靠，且在利益的滋养下欲望趋于无限膨胀，益力付出的代价必然越来越高。念力的效用源自于对理念的认同，遵循“志同道合”的王道逻辑，即只要价值理念相近，目标会自动吸引对

① 参见约瑟夫·奈．软实力——世界政治中的取胜之道［M］．沈俊，王鹏等，译．北京：军事谊文出版社，2006：106～108.

② 阿尔文·托夫勒．权力的转移［M］．北京：中信出版社，2006：10.

③ 司马迁．史记·货殖列传［O］．北京：中华书局，2013：3924.

象追随；不过由于“世界上最难的事莫过于把自己的思想装进别人的脑子里”，理念的差异往往需要足够长的时间进行说服和同化，况且“道不同不相与谋”，在理念完全对立的情况，念力产生的效果可能会完全相反。

四、关联性知识

关联性知识是对存在对象之间联系方式的概括，是存在对象各种“能力”相互作用的结果，是对状态性知识的抽象。能力性知识致力于回答状态演变背后的动力和原因，而关联性知识则试图在抽象的能力与知觉的状态之间搭建桥梁，对“怎么如是”这一问题进行回答。在空间的尺度上，“能力”的作用方式最突出地表现为存在对象相互之间的吸引和拒斥两种基本关系。吸引造成存在对象相互靠近的现象，拒斥造成存在对象相互远离的状态。在自然界，存在对象在不同“能力”的作用下，往往既相互吸引又彼此拒斥，最终形成了一种能够为人类所感知的“平衡”状态。大至宇宙星系，小至原子电子，莫不如此。在吸引与拒斥关系的基础上，存在对象之间建立起更为复杂的关系，当这种关系形成一种平衡的系统时，就出现了系统的结构，就确立了整体与部分的层次区分。

在人类社会，吸引和拒斥也是存在对象相互联系的基本方式，但却表现得更为复杂。一方面，人类社会中鲜见一一对应的“单纯”关系，存在对象大多同时受到多种“能力”的影响，致使吸引与拒斥两种关系多重重叠，从而使各类现象呈现出混沌状态。例如，受到共同信念（念力）的驱动，社会存在单元会彼此吸引，聚集形成具有合作关系的政治性团体，如社团、政党和国家联盟等等；同时，社会存在单元还会在共同经济利益的驱动下，聚集形成具有合作关系的经济性团体，如公司、利益集团和企业联盟等等。在不同“能力”的同时作用下，社会单元往往同时身处多重社会关系网络之中，具有多重身份。另一方面，社会领域“能力”的作用方式不像自然界那样直接作用于对象，更多地通过人类主观信念判断之后发挥作用，因而不如在自然界那样“纯粹”，或浅或深地被打上了许多主观印迹。例如，在国家安全领域，作为安全后盾的武力一旦超出特定范围，反而会对自身安全造成挑战，原因在于安全主体国家普遍认为他者武力过分强大是对自身安全的潜在威胁；作为“益力”重要组成部分的财富，一般来说具有诱使他者做出于己有利改变的特性，然而如果失去了武力的护持，财富就可能变成“怀璧其罪”的引信。在各种“能力”的综合作用下，人与人之间的关系表现为“社交网络”，国与国之间的关系表现为“国际关系”。理解了“社交网络”就理解了人类社会的结构，理解了“国际关系”就理解了国际社会的结构。

在时间尺度上，“能力”作用的方式使存在对象之间形成因果和相关两种基本关系。在时间单向度演进的情况下，在“能力”的作用下，如果特定存在发生改变A，致使结果B、C……发生，那么A与B、A与C分别构成因果关系；B与C构成相关关系。在因果关系中，原因A必然先于结果B、C发生，且如果没有原因A，就没有结果B、C。例如，低气压和乌云预示着暴风雨即将到来。在相关关系中，B、C必然同时发生，且B、C必需拥有同样的原因A。换言之，当且仅当B与C同为原因A的结果时，B与C之间才构成相关关系。例如，古巴导弹危机（A）期间，苏联情报人员根据美国五角大楼灯光彻夜通明（B），判定美国武装力量准备对危机事件采取强力措施（C）。之所以如此判断，原因在于B与C之间拥有共同的原因A。倘若没有古巴导弹危机的发生，五角大楼灯光彻底通明并不必然推论出美国准备运用武装力量，因为此时二者之间并不存在相关关系。

需要指出的是，以上仅从知识理论的角度对战略情报的知识构成进行了静态分析，并未涉及战略情报的具体构成。若就此搁笔，势必产生两个后果：一是把情报等同于知识，情报将因此而失去存在价值；二是把情报抽象为结构，情报将因此而失去实践意义。从知识理论的角度解读战略情报内容构成，只是为理解战略情报要素、构建战略情报大厦搭建了一个基本框架，完整把握战略情报内容并使其产生实践价值，还需要从需求结构和功能结构两方面进行完善。

第二节 “需求”结构：与安全观念相适应

战略情报是“能够满足安全需求”的知识。安全需求的限定使得战略情报从浩瀚无边的知识海洋中“脱颖而出”，获得了自身的存在价值。如前所述，如若抛除先天因素的影响，需求基本由观念所决定。由是，对战略情报内容的考察不得不围绕安全观念（简称“安全观”）开展。安全观是战略主体对安全问题的主观认识，是对安全主体、安全内容和安全方式认识的综合。[①] 其中，对安全主体的认识是对“谁/什么”面临安全挑战的回答，从服务对象的角度对战略情报内容做出限定；对安全内容的认识是对“谁/什么”构成安全挑战的回答，从威胁来源的角度对战略情报内容做出限定；对安全方式的认识是对“如何”实现安全状态的回答，从实现方式的角度对战略情报内容做出限定。厘清安全观的发展脉络，有助于把握战略情报的需求结构，明晰战略情报的大致范围。

---

① 金钿，江凌飞，唐永胜等．国家安全论［M］．北京：中国友谊出版公司，2002：26.

一、古典安全观

古典安全观[①]泛指近代民族国家出现以前主要社会行为体关于安全问题的主流认识。虽然这一时期并不存在严谨、系统和完备的国家安全问题研究，但这并不妨碍主要社会行为体形成关于安全问题的基本认识。这些认识仅有一小部分零散地分布于一些军事或历史著作中，更多地则静默地附着于历史事件里，消逝在时间长河之中了。综合分析东西方军事、历史著作，古典安全观主要包含如下内容：

（一）关于安全主体

古典安全观有关安全主体的认知深受权威中心主义的影响。所谓权威，在东方指涉的是皇权，在西方指涉的是神权和王权。近代民族国家兴起之前，以皇权、神权和王权为代表的统治集团执掌国家的权柄，因此安全主体的指涉对象仅限于以皇权、神权或王权等为代表的权威中心，并不直接涉及权威中心以外的社会单元。在西方，直至16世纪，权威中心主义仍然大行其道。1532年，马基雅维利（Machiavelli）撰写的《君主论》（*The Prince*）开始印行。这部书被西方评论界列入影响人类历史的十部著作，与《圣经》和《资本论》等相提并论。在东方的中国，以皇权为中心的安全观一直延续至清朝晚期。因此，19世纪60年代新疆遭受阿古柏入侵时，左宗棠力主清政府收复新疆的说辞是，“重新疆者，所以保蒙古，保蒙古者，所以卫京师”[②]。

---

① 此处古典安全观，包括下文中论及的传统安全观和现代安全观，并非一个严肃的概念或学术流派，只是一个宽泛的术语，泛指特定时代国家关于安全问题的主流认识。

② 罗正钧．左宗棠年谱［M］．朱悦，朱子南校．长沙：岳麓书社，1983：329.

（二）关于安全内容

安全观包含的内容涉及两个方面：一是安全挑战来自何处；二是安全挑战以何种形式出现。古典安全观关于安全挑战来自何处的认知与安全主体息息相关。当安全主体指涉对象仅限于以皇权、神权或王权为代表的权威中心时，被统治者与统治者的天然对立使其先天就具有“反安全”的成分。因此，国家安全面临的挑战不仅来自外部，也来自内部。在东方中国，《吴子·图国》有言：“昔承桑氏之君，修德废武，以灭其国；有扈氏之君，恃众好勇，以丧其社稷；明主鉴兹，必内修文德，外治武备。”[①]。中国历代王朝除忙于应对“异族入侵”式的外部威胁外，还需防范“农民起义”式的内部挑战。同样，在权威中心主义的影响下，西方国家也面临来自内外两个方面的安全挑战。关于安全挑战以何种形式出现，古典安全观认为战争是国家安全面临的最大挑战。中国古代兵书《孙子·始计》开篇即言：“兵者，国之大事也。死生之地，存亡之道，不可不察也。”[②] 从文献计量角度来看，研究战争的著作在文献出版数量方面长期占据高位[③]，说明战争广受关注。东西方国家败亡的古代史也表明，战争是造成国家灭亡的最具普遍意义的直接威胁。

（三）关于安全方式

古典安全观认为，实现国家安全的方式主要包括政治、外交和武力手段。由于战争是最主要的威胁形式，相应地军事力量成

---

① 《武经七书》[O]．骈宇骞，译注．北京：中华书局，2007：86.

② 《武经七书》[O]．骈宇骞，译注．北京：中华书局，2007：5.

③ 据统计，1470 年至 1642 年，约有 622 本关于战争的研究著作问世。17 世纪，关于战争的出版物至少 100 本。详见 Geoffrey Parker. The Military Revolution：1560－1660，A Myth [J]．*Journal of Modern History*，1976，48：195～214. 转引自 Beatrice Heuser. *The Evolution of Strategy*：*Thinking War from Antiquity to the Present* [M]．New York：Cambridge University Press，2010：32.

为实现国家安全的最重要手段。语言是历史文化凝练结成的基因图谱。语言的演变蕴含着历史的脉络。从词源学的角度考察，西方将实现安全的“战略”（Strategy）最早称为“为将之道”（the strategos），足以说明武力在实现国家安全过程中所占据的地位。中国历史上越是安全脆弱的时期，兵学越受重视，从另一侧面说明了这一论断。例如，在安全威胁严峻的宋代，官方开设军事学校，组织专门人员从当时流行的340余部古代兵书中挑选《孙子》《吴子》《司马法》《黄石公三略》《尉缭子》《六韬》和《唐太宗李卫公问对》七部兵书，汇编成为武学经典《武经七书》，就是希望以此增强武装力量维护国家安全的能力。

二、传统安全观

近代主权国家诞生以后，权威中心主义的影响逐渐消退，战略主体关于国家安全的认识日趋复杂。在维护国家安全的实践过程中，关于安全问题的认识逐步形成了两大流派，即现实主义和自由主义。虽然两大流派在一些具体问题上观点相异甚至相悖，但受制于同样的时代背景，在涉及安全问题基本认识上，二者并无根本性差别，这些基本认识共同构成了传统安全观。

（一）关于安全主体

威斯特伐利亚体系确立后，主权国家的观念深入人心。皇权、神权和王权即便没有完全退出历史舞台，至少也已退出了历史舞台的中心。在主权国家观念的影响下，传统安全观认为，安全主体特指主权国家。不论是现实主义还是自由主义，都不否认主权国家是安全主体指涉的核心。根据威斯特伐利亚体系关于主权国家的界定，主权国家至少包含领土、人口、主权和有效管辖四项基本要素。因此，就逻辑推理而言，安全主体至少包含上述四个方面。但事实上，在传统安全观的语境中，主权国家更多地以一个抽象的整体出现，而领土、人口、主权和管辖权则是主权国家安全的副产品。例如，关于个人的安全，传统安全观认为，主权国家是安全的主体，只有国家能确保其疆界范围内人民的安全；个人安全是由他们所属特定国家的公民身份保证的。换言之，只要国家安全，公民就安全。[①]

（二）关于安全内容

关于安全挑战来自何处，传统安全观认为，主权国家面临的安全威胁主要来自国际社会中的其他主权国家。这样的认识既来自历史，也来自理论。来自历史是指，威斯特伐利亚体系建立后，尤其是民族国家崛起之后，欧洲各国面临的安全挑战越来越多地来自于其他国家的扩张行为；来自理论是指，国际政治理论关于无政府状态的假定，认为处于无政府状态下的主权国家不得不面对“它者即地狱”的安全挑战。关于安全挑战的形式，传统安全观认为战争仍然是国家安全面临的最大挑战。两次世界大战对各国安全带来的严重创伤，使得传统安全观深深地打上了战争的烙印。然而，战争的博弈也使各国普遍认识到经济对于战争制胜至关重要。例如，1945 年 3 月至 8 月，美国对日发动“饥饿战役”，通过大规模水雷封锁战切断日本海上运输，以极小的代价大幅削弱了日本的战争实力。[②]

（三）关于安全方式

关于依赖什么力量确保安全，传统安全观认为，战争是国家

---

① 巴瑞·布赞，奥利·维夫，迪·怀尔德．新安全论［M］．朱宁译．杭州：浙江人民出版社，2003：译者序，2.

② 据统计，“饥饿战役”期间，日本进口物资下降 90%，维持战争所必需的石油、煤炭、粮食等战略物资供应几乎中断。日本军工企业因原料断绝纷纷停产，日军大批飞机、舰艇由于燃料缺乏被迫停飞。

始终面临的威胁，因此国家安全与否取决于国家的军事实力，即只要军事实力能与对方抗衡或具有威慑力，国家就处于安全状态，否则就面临某种威胁。然而，当依赖军事实力实现国家安全的观念发展成为绝对安全理念时，国家就会陷入“安全困境”的被动局面。关于通过什么路径实现安全，传统安全观认为在无政府状态下自助是维护国家安全的最可靠手段，使用和威胁使用武力始终是国家实现安全最主要的手段，是国际事务的最后仲裁。① 与此同时，传统安全观并不否认建立在合作基础上的制度和机制对于维护国家安全、降低“安全困境”具有积极意义。因此，在很大程度上，传统安全观认为，国家安全需要更广泛地考虑非军事因素的作用。

三、现代安全观

20 世纪 70 年代，尤其是冷战结束以来，在新技术飞速发展、经济全球化进程不断深化、国际关系日益复杂的情况下，国家安全领域出现许多新问题。现代安全观即是对这些新问题的反映。与古典安全观和传统安全观一样，现代安全观同样并不代表某个特定的安全问题研究流派，而只是现代国家在面临一些新的具有共性的安全问题时，在观念领域形成的一些具有代表性、普遍性和趋向性的观点。当然，现代安全观也并非抽象地凌驾于各安全研究流派或各国的安全实践之上，它只是作为一种共性蕴含其中。

（一）关于安全主体

不同于传统安全观，现代安全观关于安全主体的认识正在不

① 肯尼思·华尔兹．国际政治理论［M］．信强译．上海：上海人民出版社，2003：242.

断深化。现代安全观认为，主权国家仍然是安全主体的最主要指涉对象，但已非唯一指涉对象。相较于传统安全观，现代安全观关于安全主体的认识突出表现出“多层化”倾向。“多层化”是指，安全主体不再局限于主权国家层面，还指涉超国家层次和次国家层次的非国家行为体。冷战结束后，提出新安全论的哥本哈根学派就在理论层面对超越主权国家的安全进行过探讨。[①] 在现实层面，作为地区一体化进程的高级形式，以欧盟为代表的超国家行为体一旦形成，就会展示出其超越主权国家层次的安全需求。然而，安全主体向多个层次拓展，不仅仅意味着更多层次的安全需求。安全是行为体互动的结果。安全主体多样化必然意味着安全挑战的多元化。

（二）关于安全内容

现代安全观认为安全挑战来自多种行为主体。在安全主体多样化的情况下，安全挑战既可能来自传统意义上的主权国家，也可能来自新兴的非国家行为体，例如恐怖组织、跨国公司、邪教团体和网络黑客，等等。2001 年 9 月 11 日，以本·拉登为首的“基地”组织对美国发动恐怖袭击，对美国国家安全构成重大挑战，甚至有人将其与二战中日本偷袭珍珠港的行为相提并论。安全挑战的形式也不再限于传统意义上的战争，而是涵盖了范围更加广泛的非战争攻击行为，例如恐怖袭击、网络攻击、金融攻击，甚至更加隐蔽的“和平演变”等等，都对国家安全构成了挑战。1991 年苏联解体向世界表明，一个拥有强大武力的超级大国在没有遭受传统战争攻击的情况下，只要关于国家这个想像的共同体的认同消失了，国家就会瞬间消亡。因此，现代安全观认为，安全内容不仅包括传统的政治安全、军事安全和经济安全，

---

① 参见巴瑞·布赞，奥利·维夫，迪·怀尔德．新安全论［M］．朱宁译．杭州：浙江人民出版社，2003.

还包括诸如社会安全、文化安全、生态安全、信息安全等内涵丰富的非传统安全。中国政府最新提出的总体安全观可谓现代安全观的典型代表。①

（三）关于安全方式

就如何实现安全，现代安全观认为，安全是相互依赖、彼此互动的结果，单方面追求绝对安全往往适得其反。相较于安全本身，现代安全观愈加重视安全环境。在传统安全观那里，环境只是实现安全时需要考虑的前提，例如现实主义对于国际社会无政府状态的假定；而在现代安全观看来，环境不再只是实现安全的前提，环境自身已经成为安全内容的一部分。因此，关于实现安全的方式，现代安全观不仅重视自助，而且开始认识到合作的意义，尤其是涉及跨区域安全挑战时，倾向于通过共同创造安全的环境谋求自身安全。现代安全观认为，在全球化时代，必须同时依赖多种手段应对多元化的安全挑战。在这方面，中国的研究者走到了世界的前列。1999 年出版的《超限战》一书将应对安全挑战的手段的多样性推演到了极致。作者指出，"只有从视野上拓宽对手段的认识，懂得无一物不可以是手段的道理，才不至于在手段的运用上捉襟见肘，黔驴技穷。"②

以上简要总结了人类社会发展过程中形成的三大主流安全观。受到具体情况的限制，与时代的主流安全观相比，部分主体的安全观经常会有迟滞或超前现象，但总体来说，既不会落后太久，也不会超前太多。古典安全观不会提出有关社会安全的战略情报需求；传统安全观也不会提出生态安全方面的战略

① 2014 年 4 月 15 日，中共中央总书记、国家主席习近平主持召开中央国家安全委员会第一次会议时提出总体安全观，内容包括政治安全、国土安全、军事安全、经济安全、文化安全、社会安全、科技安全、信息安全、生态安全、资源安全和核安全。

② 乔良，王湘穗．超限战［M］．北京：长江文艺出版社，2014：160.

情报需求；当然，现代安全观也不会提出类似外星威胁的战略情报需求。战略情报总是与特定的安全观相匹配，受到特定安全观的限定。安全观从需求的角度上对战略情报提出要求，就在知识的广度上对其作出了限定。然而，这种限定好比仅仅依照国家的领土边界标定领空一样，领空在垂直方向的延伸仍然无远弗界。随着安全观的发展，安全主体、安全内容和安全方式的指涉对象愈加丰富，致使战略情报的外延不断拓展，以致于可能使战略情报的内涵陷入空洞的泥沼。[①] 为避免此种情况的出现，有必要从其服务于国家安全战略的功能角度进一步做出限定。

第三节　“功能”结构：服务于国家安全战略

战略情报是“能够满足国家安全战略需求”的知识。国家安全战略是战略主体对战略环境的适应和构造，是战略主体对战略手段的发展和运用，也是战略主体对战略意图的追求和克制。因此，从服务于国家安全战略的功能角度来看，战略情报内容应当包含战略环境情报、战略能力情报和战略意图情报三个部分。战略环境情报是关于战略运行的“前提”和“条件”的知识，战略能力情报是关于战略行为体（主体、客体及密切相关第三方）能够“做到什么”的知识，战略意图情报是关于战略行为体（战略客体及密切相关第三方）希望实现的“愿望”的知识。

① 就概念而言，内涵是概念对事物特有属性的反映，外延是指具体的、既有概念所反映的特有属性的事物。因此，内涵与外延之间存在着固有的反比关系，即一个概念的内涵越多，那么其外延就越小；反之，外延越大，内涵就越小。

一、战略环境情报

环境是事物存在的前提和条件，没有事物能够脱离环境而孤立存在。战略环境是战略运作的前提和条件，制约着国家安全战略的实施。战略环境情报是关于战略环境的知识。掌握充足的战略环境情报，能够帮助战略主体加深关于战略环境的理解，从而降低战略环境对战略运作的制约，甚至利用战略环境达成战略目标。战略环境以是否先于人类社会行为而存在可分为客观环境和社会环境①；客观环境又以是否先于生物行为而存在分为自然环境和生态环境。

（一）自然环境

自然环境是环绕生物周围的各种自然因素的总和，是所有生物赖以生存的物质基础。从制约和影响战略运作的角度考察，当前关于自然环境的战略情报内容至少应包括地理、气候和水文等。

1. 地理。此处地理取狭义之界定，是指特定区域内的地形地貌及其分布变化情况。依据地形表层基本特征，地理内容包括山地、高原、盆地、平原、丘陵和裂谷等；依据地貌空间规模差异，地理内容可分为星体地貌形态、巨地貌形态、大地貌形态、中地貌形态和小地貌形态。地理环境对于活动于其上的人类群体具有不可忽视的重大影响。历史上，许多贤能达者曾探讨过这种影响。例如，法国军事家拿破仑曾说过：“一国之政策，系于地理之中”。德国哲学家黑格尔认为地理位置处于北温带地区的国家享有天赋优势，因为“地球在那儿形成了一个大陆，正如希腊

---

① 详情参考本书第二章第三节。

人所说，有一个广阔的胸膛。”[①] 此类探讨后来发展成为旨在研究如何利用地理环境对人类群体活动的影响谋求国家利益的地缘政治学。当然，战略情报的重点不在于一般意义上的学术研究，而在于分析在特定战略筹划中地理环境发挥的作用。

2. 气候。气候是某一地区多年时段大气物理特征的综合表现，具有较强的稳定性。气温、降水、风力等气象要素是表述气候环境的基本依据。由于太阳辐射在地球表面的差异分布，以及海洋、陆地、山脉、沙漠、森林等不同性质的下垫面在太阳辐射作用下所产生的物理过程不同，使气候不仅具有温度大致按纬度分布的特征外，还具有明显的地域特征。按照地域尺度大小，气候可分为大气候、中气候和小气候。[②] 气候变化对于生态环境和人类社会活动有着重要影响。有关中原地区大陆气候变化的研究发现，中国历史上的王朝兴衰与气候变化存在着不可忽视的密切关系。从历史长周期来看，中国历史上北方游牧民族大规模南迁与气候的周期性变迁存在显著的相关关系：西周时期北方游牧民族南迁正对应着公元前 1000 年左右的寒冷期；东汉两晋南北朝时期北方游牧民族南迁正对应着公元 100 年—500 年左右的寒冷期；南宋时期游牧民族南迁正对应着公元 1100 年—1200 年左右的寒冷期；明末清初满族南下正对应着公元 1400 年—1900 年的小冰期。[③] 气候

---

① 黑格尔．历史哲学［M］．王造时，译．上海：上海书店出版社，2001：83.

② 大气候是指全球性和大区域的气候，例如热带雨林气候、高原气候、地中海气候和极地气候等；中气候是指中等自然区域的气候，例如森林气候、湖泊气候、沙漠气候和山地气候等；小气候是指较小区域的气候，例如贴地气层和小范围特殊地形气候。

③ 参见 Ellsworth Huntington. *The Pulse of Asia*：*A Journey in Central Asia Illustrating the Geographic Basis of History*［M］. Ann Arbor，MI：University of Michigan Library，2009. 陈高佣．中国历代天灾人祸表［M］．北京：北京图书馆出版社，2007. 蓝勇．历史时期西南经济开发与生态变迁［M］．昆明：云南教育出版社，1992. 王子今．秦汉时期气候变化的历史考察［J］．历史研究，1995，2. 等等。

变化对人类活动产生的基础而全面的影响正是近年来国际社会普遍关注全球升温的原因所在。

3. 水文。水文是指自然界中水的时空分布及变化运动情况。依据水源的分布空间，水文可被分为海洋水文、区域水文、地下水文、冰川水文、湖泊水文和河流水文等。① 水源是生命存活最重要的物质基础，没有水源就没有生命。淡水是人类存活不可或缺的物质基础，世界淡水的储量、分布及循环运动决定着人类的总量、分布及活动范围。水源不仅能够维系生命的存续，还在很大程度上决定人类文明的辉煌和衰亡。无论是农耕文明、游牧文明还是海洋文明，人类社会的实践活动都与水文环境息息相关。考古学家的研究表明，古埃及文明的衰落直接受到公元前1200年左右尼罗河三角洲水文环境急剧变化的影响。② 此外，水文环境的变化还深刻影响着人类社会水路交往的方式和途径。以北极航线为例。因受到北冰洋海冰和北极冰川的影响，自19世纪下半叶北极航道首次被证实存在以来③，一直未能形成真正的航运能力。然而，随着全球气候变暖，北极圈内的水文环境正在发生急剧变化，北极航线有望改变当前人类海洋运输的基本结构。④

---

① 也有人将气候与水文交叉的大气水列入水文研究的对象。

② Richard Gray. Biblical plagues really happened say scientists [N/OL]. (2010-03-27) [2015-11-13]. *The Telegraph*, 2010-03-27. Available at http://www.telegraph.co.uk/news/science/science-news/7530678/Biblical-plagues-really-happened-say-scients.html.

③ 1878年，瑞典海军上尉路易斯·潘郎德尔率领国际探险队，首次打通东北航线；1906年，挪威探险家罗德尔·阿蒙森首次打通西北航线。

④ 虽然精确预测北极地区水文环境变化情况极其困难，但若依据过去近百年水文变化的基本趋势保守预测，最迟到2080年前后，目前只有破冰船才能穿过的北冰洋将会在夏季成为无冰水域；若依据近二十年水文变化的加速趋势预测，北极夏季海冰将在不过30年的时间内全部消失。参见 http://www.noaanews.noaa.gov/sto ries2009/20090402_ seaice.html。

（二）生态环境

生态环境是指特定范围内包括动物、植物、细菌、真菌和病毒等在内的生物体生存和发展的状态。生态环境建立在自然环境的基础之上，同时为社会环境的建构奠定了基础。从服务于战略运作的角度考察，关于生态环境的战略情报至少应包括特定范围内生物种群活动形成的生态特性、生态结构以及生态平衡。

1. 生态结构。生态结构是指特定区域内物种的丰度、分布及构成，内容包含特定物种的总体数量、地区分布、年龄结构、性别比例等。以人类为例。[①] 从人口总量来看，截至 20 世纪 60 年代，世界人口总数一直呈加速增长趋势。[②] 自 1963 年世界人口年增长率达到顶峰的 2.19% 后，增长速度稳步下降。据美国人口统计局（U. S. Census Bureau）国际数据项目预测，2016 年世界人口增长速度将下降至 1%，2047 年增长速度将下降至 0.5%。其中，穆斯林是世界人口增长速度最快的群体。预计到 2050 年，新增人口中的 40% 出生在撒哈拉沙漠以南的非洲，30% 出生于穆斯林世界。由于人口增长必然加重资源的稀缺程度，在资源利用效率没有得到相应提高的情况下，人口快速增长与社会动荡之间存在正相关关系。从年龄结构来看，2002 年，世界人口中约有 4400 万年龄大于或等于 65 岁的老龄人口，占当时世界人口总数的 6%。预计到 2020 年，这一数字将翻倍，达到世界人口总数的 9%；2050 年将进一步增长，达到世界人口总数的 17%。其中，发达国家和地区，2000 年 60 岁以上（含）人口约占人口总数的 1/5，预计 2050 年将达到人口总数的 1/3；欠发达地区，2000 年至 2050

① 此处人类是指生物学意义上的人类，而非社会学上的人类，因此可简单理解为“第三种黑猩猩”。

② 统计显示公元前 8000 年，世界人口总数大约 500 万；公元前 1000 年，大约为 5000 万；公元元年，大约为 2 亿；公元 1000 年，大约为 3.1 亿；公元 1800 年大约 10 亿，2000 年达到 60 亿。

年，60 岁以上人口将从人口比重的 1/12 增长至 1/5。[①] 这表明，人口老龄化正在成为全球性问题，并且会越来越突出。老年人口比率持续上升，意味着在维持相同医疗和社会保障水平的标准下各国将面临更大的压力。任何国家在进行战略筹划时都不能忽视这一前提。

2. 生态平衡。生物平衡是指在特定区域内生物各种群之间通过能量流动、物质交换和信息传递形成的高度适应、协调和稳定的状态。生态平衡是区域内各物种保持稳定发展的基本条件，生态失衡则会导致物种发展的失序和混乱。人类作为生物物种的一员当然也不例外。生态失衡的原因主要来自外来物种或新生（变异）物种入侵。以人类群体为例。大约 35000 年前，作为外来物种，人类首次抵达澳大利亚和新几内亚，造成了上述两地大型动物物种的大规模灭绝。16 世纪初，作为外来物种，随着欧洲人来到美洲大陆的天花病毒，在欧洲人开始屠杀美洲人之前就已经杀死了 95% 的美洲土著人。从生态平衡的角度看，美洲大陆的阿兹特克帝国和印加帝国的消亡皆是外来物种入侵的结果。因此，贾雷德·戴蒙德认为，天花、麻疹、流行性感冒、伤寒和腺鼠疫等传染病，毁灭了其他大陆许多民族，从而在欧洲人征服世界的过程中发挥了至关重要的作用。[②] 这为后来的战略行为体敲响了警钟，也带来了“启示”。

（三）社会环境

社会环境主要是指由人类社会行为相互作用建构而成的结构

① 除非发生全球性瘟疫、核战争等不可预测因素，截至 2050 年上述人口发展趋势都是值得信赖的。参见 Dr. Marvin J. Cetron，Owen Davies. 55 *Trends Now Shaping the Future* ［R/OL］．（2008－04）［2015－10－10］．http：//www. carlisle. army. mil/proteus。

② 贾雷德·戴蒙德．历史：枪炮、病菌与钢铁——人类社会的命运［M］．谢延光译．上海：上海译文出版社，2000：56.

性关系及全局性特征，内容包括时代主题、国际体系和共有文化等。

1. 时代主题。时代是指整个世界的政治、经济、军事、科技等在其演进过程中具有不同个性的特殊发展阶段。时代主题（又称时代特征）突出反映特定时期内人类社会实践活动的主要潮流和发展趋势，具有世界范围内的普遍性和时间跨度上的长期性。因此，只有全面认识特定时代的基本特征，才能够深刻理解时代背景下具体国家的具体行为，从而做出正确的战略选择。列宁关于“战争与革命”时代主题的判断揭示了20世纪上半叶世界发展的总体趋势，从而指引了无产阶级的革命运动和被压迫民族的反帝反殖斗争；邓小平关于“和平与发展”时代主题的判断揭示了20世纪80年代以来世界形势演变的基本走向，奠定了中国确立“以经济建设为中心”建设社会主义的基本路线，从而为中国迎来了三十余年的高速增长。当今世界科学技术发展日新月异，人类生产生活方式正在发生重大变化，“改革与创新”成为国际社会普遍关注的焦点。

2. 国际体系。国际体系是国际社会行为体相互作用形成的具有整体性、层次性和稳定性的统一体。[①] 国际体系主要由三部分组成，即系统单元、系统结构和运行秩序。系统单元是指构成国际体系的各类行为体。系统单元既可拥有相同的功能属性，也可彼此相异。同质的单元构成因功能、需求相同，较易产生竞争而不易产生合作；相反，异质的单元构成则更易促成分工合作从而抑制纷争。系统结构是指国际体系内各单元的排列组合。系统结构一旦形成就具有较强的稳定性，只有国际体系内各单元的排列方式发生变化才会改变，不会因为某个或某些行为体的变化而改

① 高金钿，顾德欣．国际战略学概论［M］．北京：国防大学出版社，2001：224.

变。运行秩序是指国际体系运转的规范和法则。国际体系的运行秩序包含从霍布斯（Thomas Hobbes）假定的完全无政府状态到格劳秀斯（Hugo Grotius）主张的国际法律秩序的连续谱系。国际体系是系统单元、系统结构和运行秩序在互动进程中建构的结果，而非三者的简单叠加。理解国际体系不能简单、孤立地看待上述三个要素，必须从互动的角度进行综合分析。

3. 共有文化。共有文化是指特定群体关于特定问题的共同认识和信念，经常表现为一定范围内的社会思潮或一定时期内的历史记忆。文化是自我实现的预言，[①] 文化的转变必然要求行为的改变。拿破仑战争末期，普鲁士在维也纳会议上向其他胜利者出示了一份重建计划，其中包括强迫法国转让领土和人口。在民族主义思潮尚未兴起之时，被割让领土上的居民是否会说德语无关紧要。然而，在不到半个世纪的时间里，民族主义思潮迅速蔓延并逐渐成为一种共同认识。1870 年，当德国违背民族主义这一共同信念决定从法国攫取阿尔萨斯和洛林时，便种下了第一次世界大战的种子。[②] 此外，共有文化还是群体认同的基础。共有文化的消逝意味着群体认同的瓦解。作为一个移民国家，共有文化在美国各族群建立国家认同过程中发挥着重要作用。然而，随着族群结构的改变，尤其是其他族裔人口比例的上升，使得占据共有文化主流地位的盎格鲁—撒克逊白人文化受到冲击。历史学家小阿瑟·施莱辛格曾不无忧虑地探讨了美国存在的严重文化问题。他指出，如果美国不正视这些问题，美国的凝聚力将大大削弱，

---

① Andre Kukla. The Structure of Self-Fulfilling and Self-Negating Prophecies [J]. *Theory and Psychology*, 1994, 4, 5 ~ 33.

② 参见约瑟夫·奈. 软实力——世界政治中的取胜之道 [M]. 沈俊，王鹏等译. 北京：军事谊文出版社，2006：4.

并可能导致美国走向解体。[①]

理论是对现实的简化。将战略环境区分为自然环境、生态环境和社会环境是为了更好地从战略情报的角度理解战略环境，但不应忽视的是，现实世界中三者是相互联系、相互作用、密不可分的统一体。因此，对于战略环境的认识最终应是统一的，而不是割裂的。

二、战略能力情报

战略能力情报是战略主体关于自身、战略客体以及密切相关的第三方行为体能够做什么的知识。战略能力主要由战略实力和战略手段构成。因此，不论是战略主体、战略客体还是密切相关的第三方行为体，战略能力情报都可分为战略实力情报和战略手段情报。战略实力情报是关于战略行为体“用什么做”的知识，战略手段情报是关于战略行为体“怎么做”的知识。

（一）战略实力情报

战略学界、国际政治学界对国家行为体的战略实力进行过大量研究，可谓视角不同，观点纷呈。[②] 就服务于战略运作的目标指向而言，依照战略行为体的控制程度，对战略实力进行分析更具实用性。因此，战略实力可分为操控型战略实力、运用型战略实力和拥有型战略实力。

---

① Arthur M. Schlesinger, Jr.. *The Disuniting of America* ［M］. New York: New York University Press, 1991: 233.

② 有学者从实力转化的角度分析，认为国家实力由实力和潜力构成；有学者从实力性质的角度分析，认为国家实力是物质力量和精神力量的统一；有学者从实力构成要素的角度分析，把其细化为自然资源、民族特征、国民士气、工业能力、军备状况、政府质量等。参见高金钿，顾德欣．国际战略学概论［M］．北京：国防大学出版社，2001：74－101.

1. 操控型战略实力。操控型实力就是战略行为体能够在需要时间内生成，并针对特定对象释放的战略实力。就国家行为体而言，操控型战略实力主要包括传统意义上的战略力量，例如以陆、海、空三军为代表的常规武装力量，以核生化武器为代表的战略打击力量，以及以网军、天军等为代表的新型作战力量等。操控型战略实力的突出特点是作用时限可控、作用对象可控、作用效果可控，战略行为体可以单凭自己的意愿，决定何时何地针对何物使用。例如，核武器虽然因其大规模杀伤属性而在制造和使用方面广受争议，但这并未改变战略行为体能够仅凭自身意愿对其进行操控的事实。正因为如此，操控型战略实力是战略行为体使用频率最高、使用范围最广、最依赖的战略力量。当然，由于操控型战略实力的优势已为各战略行为体所熟知，使用操控型战略实力博弈的方法和形式最为炫丽。

2. 运用型战略实力。运用型战略实力是指生成或释放部分受控的战略实力。换言之，战略行为体既无法完全掌控运用型战略实力的生成，也无法完全控制运用型战略实力的释放，只能在特定时间或空间内控制实力的生成或释放。一般而言，运用型战略实力包括传统意义上的战略资源和经济实力。其中，战略资源包括以石油、煤、粮食和水资源为代表的能源资源，以铁、铀、铜和稀有金属等为代表的矿产资源和作为社会人而存在的人力资源；经济实力包括以工业为代表的生产实力和以金融业为代表的资本实力等。战略行为体对运用型战略实力的控制程度不及操控型战略实力，战略行为体无法独自在需要时限或范围内控制运用型战略实力。以战略资源为例。美国前国务卿基辛格 20 世纪 70 年代曾作过一个著名的论断：“谁控制了石油，谁就控制了所有国家；谁控制了粮食，谁就控制了所有人；谁控制了货币发行权，谁就控制了整个世界。”该论断逻辑上似乎不存在问题，但在现实中却很难实现。原因有两方面：一是控制程度，没有哪个行为体能够完全控制石油、粮食或者货币；二是替代可能，鲜有战略资源不可替代。因此，战略行为体对运用型战略实力的使用更多地受到其他因素的制约，作用时限、范围和效果则相对难以评估。

3. 拥有型战略实力。拥有型战略实力是指战略主体既无法操控、也无法运用但可以进行排他性利用的战略实力。拥有型战略实力来源于对战略环境的排他性占有权利。对国家行为体来说，拥有型战略实力包括以领土、领海、领空等为基础的地缘战略实力，以国际威望、国际地位等为代表的结构型战略实力①和以国家认同、语言张力②等为内容的软实力。拥有型战略实力具有相当程度的稳定性，战略行为体既无法在需要时间内生成、也无法针对特定的对象释放拥有型战略实力。虽然拥有型战略实力很难被行为体本身进行操控和运用，但却是行为体操控和运用其他一切战略实力的基本依托，并在一定程度上影响战略实力的运用方式。例如地缘战略实力。从国土面积和地理位置来看，以色列地缘战略实力十分脆弱，致使其在谋求国家安全的过程中严重依赖操控型战略实力，且在使用方法上表现出明显的先发制人倾向。相反，美国的地缘战略实力赋予其更多选择的可能，使其能够漠视、甚至拒绝均势政治的绝大多数信条。③

（二）战略手段情报

战略手段情报是关于战略实力转化和使用的知识，内容主要包括技术规则、程序机制和方法途径。

---

① 关于结构性战略实力的论述参见唐永胜，佟明翔．结构型战略能力：概念、来源与研究方法［J］．世界经济与政治，2007（4）：13－18.

② 关于语言张力的论述可参见张文木．在推进国家语言战略中塑造战略语言［J］．马克思主义研究，2011（3）：83～91.

③ 威廉森·默里，麦格雷戈·诺克斯，阿尔文·伯恩斯坦．缔造战略：统治者、国家与战争［M］．时殷弘译．北京：世界知识出版社，2004：8.

1. 技术规则。技术规则是对科学理论的应用，是指针对现有事物形成新事物或改变现有事物功能、性能的方法。技术规则以客观存在为指向。战略行为体通过掌握特定的技术规则实现对特定战略资源的转化，进而实现战略实力类型由低控制型向高控制型的跃迁。原子能的发现使得以重元素和轻元素为代表的核燃料从拥有型战略实力跃迁为运用型战略实力，尔后对裂变和聚变技术的掌握又使其由运用型战略实力跃迁为操控型战略实力。1945年8月美国将两颗原子弹投放到日本广岛和长崎，标志着它已率先实现有关核能控制的战略实力跃迁。

2. 程序机制。程序机制是对系统各环节之间运作流程和各要素之间相互关系的规范。程序机制通过提高系统运行的有序性，实现系统效率的跃迁。程度机制以社会存在为指向。战略行为体通过在社会活动领域建立特定的程序机制，提高战略实力的转化效率，从而掌控更加强大的战略能力。17世纪末18世纪初，英国建立的以税赋和公共信贷为核心的财政动员机制，彻底改变了政府与经济和社会的关系。据此，英国政府得以大幅提升经济实力向战略能力转化的效率，进而为18、19世纪英国由欧洲边缘国家崛起为日不落帝国奠定了坚实的财政基础。[①] 其他值得重点关注的还有兵役制度、国防动员机制等。

3. 方法途径。方法途径是战略行为体调动、分配、投送和使用战略实力的方式。因现实世界变化莫测，方法途径的形式复杂多样，加之智谋的笼罩，更是“运用之妙，存乎一心”。但若抛除一切繁复现实加之的绚丽外衣，仅从时间、空间、领域、强度等基本量纲进行考察，方法途径的本来面目就会显露出来。例

① 关于现代财政制度与战略能力的论述可参考王晋新．近代早期英国国家财政体制散论［J］．史学集刊，2003（1）：59－64. 刘晓路．现代财政制度的强国性与集中性——基于荷兰和英国财政史的分析［J］．中国人民大学学报，2014（5）：2－10.

如，从战略行为体使用战略实力的进取程度来看，可分为进攻与防御两种方式；从战略行为体使用战略实力的强度来看，可分为激进与渐进两方式；从战略行为体选择的路径来看，可分为直接与间接两种方式；从战略实力投入的类型来看，可以分为单一与复合两种方式；从是否求助第三方来看，又可分为自助与合作两种方式；等等。[①]

三、战略意图情报

战略意图情报是关于战略行为体行为动机和动向的知识。前美国中央情报局副局长约翰·麦克劳林（John McLaughlin）曾表示，“对苏联，我们对其能力而不是意图有良好的判断力；而对恐怖分子，我们只知道他们的意图，却不知道他们的能力。”[②] 战略能力决定了战略行为体能够做什么，而战略意图则决定了战略行为体想要做什么。有时战略行为体对外明示自己的战略意图，以吸收和凝聚组织成员并赋予组织存在的意义，例如恐怖组织；但更多时候，战略行为体选择隐藏自己的战略意图，以避免战略客体有所防备，例如苏联。对于后者，需要从战略行为体的领导体制、历史文化、主流民意和战略行为四个方面进行考察。

（一）领导意愿

领导是指战略行为体的决策者及决策机构。领导意愿对于战略行为体的目标制定和手段选择具有重大影响。对领导意愿的把握就是对决策者意愿和决策机构意愿的把握。在集权国家尤其是独裁国家，需要重点研究决策者的个人意愿；相反，在民主国家

---

① 参见周丕启．大战略分析［M］．上海：上海人民出版社，2009：25－41.

② 马克·洛文塔尔．情报：从秘密到政策［M］．杜效坤译．北京：金城出版社，2014：367.

尤其是分权国家，需要重点研究决策机构的综合意愿。对决策者意愿的研究，需要着重了解决策者的禀赋秉性、文化教育、施政理念、家世出身、爱憎好恶以及生活习惯等。对于决策机构意愿的研究则需要重点了解决策机构的决策程序、机构内各成员之间的相互关系及各成员的意愿。

（二）历史经验

历史经验是战略行为体实践经验的沉淀。战略行为体总是会以历史经验为参照认识现在，并从历史经验中寻找前进的动力和未来的方向。对于个人而言，“一朝被蛇咬，十年怕井绳”说得就是历史经验对个人行为的潜在影响。就战略行为体来讲，拥有长期遭受殖民压迫历史的国家必然会对涉及主权独立方面的问题十分敏感。基辛格认为，历史之于民族犹如性格之于个人。[①] 对战略行为体战略意图的认识需要从其历史经验中探寻动机。

（三）主流民意

主流民意是指构成战略行为体的民众的普遍意愿。主流民意对战略行为体的行为具有不可忽视的影响。民主国家影响较大，集权和独裁国家相对较小，但依然不可忽视。20 世纪 60 年代，面对国内乃至整个西方世界汹涌澎湃的反战民意，美国决策层最终不得不做出结束越战的决定。然而，由于群体天生具有冲动、易变和急躁的特性，民意大多是狭隘、短视和盲从的。但即便如此，主流民意依然具有不可忽视的影响。在民主意识席卷世界、民主一词已经成为政治正确的情况下，主流民意的作用就更加凸显。

（四）战略行为

战略意图必须通过战略行为才能变成现实。战略意图可以深

---

① 亨利·基辛格．世界秩序［M］．胡利平，林华，曹爱菊译．北京：中信出版社，2015：214.

藏幕后，但战略行为只能在台前演出。前台演出的战略行为不论掺杂有多少“表演”性质的欺骗成分，最终都会落幕时走向幕后露出战略意图的本质。因此，在战略意图不明的情况下，观察战略行为就成为通往幕后的必然途径。在观察战略行为的过程中，应避免轻易相信其宣告性言辞或标榜性目标，而重点分析战略行为的共同特性和最终指向。就好比青蛙向左转捉住了一只苍蝇，向右转捉住了一只苍蝇，然后向后转又捉住了一只苍蝇。它的行为忽左忽右、忽前忽后，但最终都会清晰的指向战略意图——捕捉苍蝇。

从服务于战略运作的功能角度分析，战略环境、战略能力和战略意图都是相对存在，必须以特定战略行为体为原点才具有意义。离开战略行为体，战略环境、战略能力和战略意图就失去了标定物。战略环境必须是特定战略行为体的战略环境，战略能力必须是特定战略行为体的战略能力，战略意图也必须是特定战略行为体的战略意图。

以上从知识结构、需求结构和功能结构三个方面对战略情报的内容进行了限定，从理论角度描绘了战略情报的“应然”景象。然而，现实世界中的战略情报机构能够生产出什么样内容，还要取决于战略情报能力的高低。

第四章

国家安全战略情报能力构成

战略情报能力是指战略情报系统满足国家安全战略情报需求必须掌握和具备的素质。单从认识论的角度来看，战略情报生产起始于对认识对象的信号感知，形成于对获取信息的加工处理，终止于对信息资料的情报分析。与之相应，战略情报能力主要是指战略情报生产能力，即战略情报感知能力、战略情报处理能力和战略情报分析能力。若从满足战略情报需求的角度来考察，战略情报能力还包括对上述战略情报生产能力进行管控的能力，即战略情报需求掌控能力、战略情报实力利用能力和战略情报授权管理能力。

第一节　战略情报感知能力

情报感知能力是战略主体发现和获取战略情报生产所需信息素材的能力，是战略情报处理、分析和控制、使用的前提。卡尔·波普尔（Karl Popper）在探讨知识发展时曾提出三个世界理论，将世界划分为客观物质世界（世界 I）、主观精神世界（世界

II）和客观知识世界（世界 III）[①]。情报感知即是对上述三个世界的感知。因此，情报感知能力包括物质世界感知能力、精神世界感知能力和知识世界感知能力。

一、物质世界感知能力

感知是主体与客体之间对应属性的耦合。战略行为体对物质世界的感知建立在物质客体所拥有的各类属性基础之上。物质世界的各类属性以信号的形式被战略行为体感知。情报发展的早期，战略行为体通过人类自身的视觉、听觉、嗅觉、味觉和触觉等感知客观物质世界的可见光波、可闻声波、可辨气味、可感温差以及可触形体等。随着科学技术的发展，尤其是各类感知技术的发展，战略行为体的感知能力不断拓展，物质世界散发、反射、折射或吸收的电磁波（含无线电波和光波）、核辐射（含 α 射线、β 射线、中子射线及 γ 射线）、机械波（含声波、地震波等），以及化学、生物和计量生物特征等逐渐成为可被感知的物质世界属性。并且，战略行为体对物质世界的感知越来越依赖于技术感知手段。

感知技术的核心是各类传感器，包括主动探测传感器和被动接收传感器。前者主动发射信号探测目标，并通过接收目标的反射信号感知对象，例如合成孔径雷达（SAR）、微波高度计、微波散射计和激光测距仪等；后者不发射信号，只是通过接收目标自身发射或反射的信号感知对象，例如多光谱成像仪（MSI）、红外探测器、热成像仪和微光夜视仪等。[②] 通过将各类传感器置于

---

① 参见卡尔·波普尔．客观知识——一个进化论的研究［M］．舒炜光，卓如飞等译．上海：上海译文出版社，1987：78.

② 关于战略情报的技术收集可参考 Robert M. Clark. *The Technical Collection of Intelligence*［M］. Washington，DC.：CQ Press，2011.

太空、天空、地面和水上等技术平台，战略行为体能够从不同距离、不同角度，采用不同方式对目标进行感知，从而实现对特定对象的长期监视或短期侦察。例如，安装有合成孔径雷达的“长曲棍球”系列卫星，能够以0.3—3米的分辨率侦察地面几十千米至上百千米范围的目标，并识别伪装的武器和虚假的目标，发现深藏地下数米的军事设施；装配有AN/APQ-73侧视雷达、红外探测器和多光谱成像仪的SR-71“黑鸟”战略侦察机，能以3马赫的速度在3万米高空对目标实施侦察；陆基“铺路爪”相控阵雷达可全天候搜索空间目标，对5500千米内的弹道导弹进行探测、跟踪，并为防空反导提供7—10分钟的预警时间；装配有“朱迪—眼镜蛇（Cobra Judy）”雷达的“观察岛”号观测舰（T-AGM 23）能够在海上长期游弋，持续搜集有关弹道导弹试验和发射的详细数据；等等。

凭借各类传感器，战略行为体能够做到对物质世界的“感”，却仍无法实现“知”。“感知”过程的完成还需要掌握将各类信号与特定人、物和事件过程等物质对象相关联的特征。[①] 关联特征可能是单一信号特征，但更多情况下为复合信号特征。战略行为体捕获物质世界的各种信号后，通过在时间、空间、温度、能量和频率等量纲上测量其尺度，确立有关人、物和事件过程等物质对象的关联特征。从而，战略行为体通过监视、搜集相关信号特征，即可辨识、跟踪相应物质对象的身份、类别和时空位置等。例如，战略行为体通过掌握指纹、虹膜、视网膜和DNA等生物计量特征，可以准确辨识目标人员的身份；通过监测放射性气体氪-85，可以判定某一设备是否正在生产能够用于制造核武器的裂变材料铀-239；通过截收目标发射或反射的电磁波信号进行光

① 由于关联特征大多来自对物质对象信号的测量，美国情报界将其称为“测量与特征情报”（MSINT）。

电成像，可以确认目标的形状、尺寸、方位、距离甚至构成材质；通过监测导弹试验前后区域环境的变化特征，可以判定导弹试验结果；等等。

通过物质世界感知能力，战略行为体可以掌握目标的军事作战情况、武器装备性能、科技研发及生产能力、自然环境变化和社会经济活动等战略情报。

二、精神世界感知能力

精神世界是物质世界在人类大脑中的映射。不同于客观存在的物质世界，精神世界是一个具有主观特性的封闭黑箱。主观上的封闭性使得情报系统无法直接探究对象的精神世界，而只能采取社会人际交往、行为经验推测和大脑功能扫描等手段进行间接感知。

社会人际交往是指人与人在社会关系中进行信息交流的过程，包含语言交流和非语言交流。语言交流即语言沟通，即交流者通过口头语言、书面语言等媒介彼此传递信息；非语言交流即通过面部表情、手势、身体接触、身体移动、姿势、服饰，以及语调、音色和音量等非语言行为（又称身体语言）进行的交流。语言交流是人际交往最常见的信息交流方式，也因此成为精神世界感知的主要手段，但不可因此忽视非语言交流的作用。调查显示，人际交流中有60%～65%的信息传递属于非语言行为。[①] 许多时候，非语言行为比语言行为更能够真实反映一个人的情绪、感情、思想和意图。不同于语言交流总是会有意识地配合讲话者

① J. K. Burgoon, D. B. Buller, & W. G. Woodall. *Nonverbal communication: The unspoken dialogue* [M]. Columbus, OH: Greyden Press, 1994: 229－285. 转引自 Joe Navarro, Marvin Karlins, Ph. D. *What Every Body is Saying* [M]. HarperCollins Publishers, 2008: 4.

的目的，主要受大脑边缘系统[①]控制的非语言行为多为“不加考虑”的条件式反应，因而往往是最诚实的信息表达。例如，当人处于精神上的高度紧张状态时，虽然可以故作轻松地进行语言交流，但却无法控制汗腺的分泌；当人看到自己喜欢的事物时，可能在语言交流上进行伪装，却难以掩盖自己瞳孔的扩大。正是由于非语言交流在人际交往中发挥着不可或缺的重要作用，在通信技术飞速发展的现代社会，人们依然严重依赖于面对面的沟通交流。就战略情报感知而言，这也是谍报活动延续至今并将持续发挥不可替代作用的重要原因之一。

行为经验推测是指通过根据目标的过往行为推测其可能获取的主观经验，进而感知其情感、知识和意图等精神构成。精神世界是人类大脑对客观物质世界的主观反映，大脑主体在物质世界的行为经验必然形塑着精神世界的构成图景。因此，对精神世界的感知可通过对象的过往行为经验进行间接感知。例如，美国联邦调查局（FBI）制定了专门针对特定人员开展的“图书馆感知计划”[②]，目的就在于通过获取目标人员的阅读清单，感知其行动意图。

脑部功能扫描是指通过采用现代技术观察人类大脑活动情况，通过大脑物理特性的变化感知其所承载的精神世界。就观察对象而言，脑部功能观察属于对物质世界的感知；但从观察目的来看，则是对精神世界的间接感知。在科学技术飞速发展的今

---

① 大脑的边缘系统概念由麦克莱恩（Maclean）1952 年正式提出，他认为边缘系统主要由下丘脑、海马体和杏仁核组成，是大脑孕育情绪、注意力和情感记忆的主要部位。

② 1987 年，纽约市一个图书馆工作人员向美国图书馆协会（ALA）反映，联邦调查局要求图书馆提供来自“敌对国家”的人的借阅情况。联邦调查局的“图书馆感知计划”就此曝光，后因美国公众反对一度中止。2001 年 10 月《爱国者法案》（The Patriot Act）通过后，该计划披上了合法的外衣，再次启动。详情见真溱．国家窃听［M］．北京：中信出版集团，2015：10.

天，借助于事件相关电位技术（ERPs）、正电子发射断层扫描技术（PET）、功能磁共振成像技术（fMRI）、脑磁图技术（MEG）等先进的脑功能扫描技术，人类实现了通过观察大脑的物质表征感知精神世界。虽然这种对精神世界的感知仍然属于间接感知，但它为精神世界感知提供了一种具有无限发展潜力的全新手段。当然，就当前脑部功能扫描技术水平而言，在具有竞争性的战略情报领域内，战略行为体采用此种手段窥探目标精神世界的机会相对较少。

三、知识世界感知能力

客观知识世界是人类主观精神世界的物化。它以语言、数字、图像等符号系统为表现形式，以书籍、磁带、光盘、硬盘等物质存在为存储载体，通过物质载体或通信信号等媒介进行传递。因此，对客观知识世界的感知有两种方法：一是感知知识存储的物质载体；二是感知知识传递的传播途径。

客观知识总是以一定的物质存在为存储载体。感知客观知识最原始的手段就是直接感知知识存储载体本身。例如，在论文撰写过程中对图书资料的获取。就战略情报生产而言，获取知识存储载体不仅能够实现对客观知识的感知，还能够为鉴别客观知识的真实性提供帮助。1956 年 2 月 24 日深夜，苏共二十大会议议程全部结束后，赫鲁晓夫作了题为《关于个人崇拜及其后果》的秘密报告，全盘否定了斯大林的历史功绩，震惊了所有与会人员。得知该秘密报告的消息后，美国中央情报局迫切希望获取报告的文本，对其提出悬赏。奖金最终落入了以色列情报机构摩萨德手中——一位波兰籍犹太人从波兰共产党第一书记的秘书那里搞到了报告副本的复印件。[1] 确认报告的真实性后，美国将其公之于众，直接导致95%的美国共产党员和90%的欧洲共产党员退党，并引发了社会主义阵营内部一场影响深远的大地震。

客观知识并非只以抽象的符号系统为表现形式。人类制造的产品，尤其是高科技产品，本身就是知识物化的结果。以飞机制造为例，飞机成品本身所蕴含的知识并不亚于一份设计蓝图包含的知识。1966 年 8 月，摩萨德成功策反一名伊拉克飞行员，令其驾驶一架米格－21 战斗机逃亡至以色列。米格－21 是当时世界上最先进的战斗机，被苏联当作平衡阿以军事力量的工具出售给阿拉伯人。得到米格－21 战斗机后，以色列认真研究了飞机的优势和缺陷，为其在 1967 年“六日战争”中击败阿拉伯国家发挥了重要作用，使其得以在短短数小时内就摧毁了埃及空军。当然，摩萨德并未忘记，相较实体飞机，以抽象符号系统表达的设计蓝图同样拥有不可忽视的独特价值。1969 年，为掌握飞机发动机制造技术，摩萨德特工窃取了法国幻影战斗机 V 型发动机的设计蓝图。以色列以其为蓝本建造了“幼狮”战斗机，从而大幅提升了自身的战斗机制造水平。

客观知识存在的根本意义在于传递——从过去传向未来，或从已知者传给未知者。知识的传递依赖于信息传递途径。因此，对客观知识的感知还可建立在对信息传递途径的感知基础之上。现代社会，以有线或无线通信为代表的各类网络是信息传递的主要方式。对战略情报生产而言，谁占有更多的通信流量，谁就拥有更丰富的感知潜力。以美国为例。2003 年全球电话交换线路每年大约有 1800 亿分钟电话通信，其中 13%（约 230 亿分钟）的

① 关于美国获取赫鲁晓夫“秘密报告”的详情可参考迈克尔·巴尔—左哈，尼西姆·米歇尔. 摩萨德：以色列秘密情报组织重大行动［M］. 李建波，王赛、杨洋译. 北京：解放军出版社，2014：49－54.

通信数据需过境美国。也即，即使这 13% 的电话既非打入美国，也非由美国打出，仅仅由于技术原因就不得不过境美国。与此同时，作为世界互联网通信的枢纽，美国在控制互联网通信方面占据不可撼动的主场优势。据信，2002 年国际互联网带宽总量约为 290 吉比特/秒（Gbps），其中只有 2.5 吉比特/秒的数量没有流经美国。[①] 前美国国家安全局（NSA）局长约翰·麦康奈尔（John McConnell）曾坦言，“对美国而言，巨大的互联网流量意味着巨大的情报优势。”[②] 这种主场地位或许可被称为信息世界的地缘优势，它赋予美国一种情报获取潜能，一旦需要就可转变为现实的情报感知能力。“9·11”事件后，美国能够瞬间启动庞大的“棱镜”项目就是基于对这一潜能的激活。

第二节　战略情报处理能力

战略情报处理能力是信息爆炸的产物。正如未来学家奈斯比特（Naisbitt）在其名著《大趋势》一书中所指出的，“我们被信息淹没，但是却渴求知识。”[③] 对于情报系统而言，这一矛盾尤其尖锐。信息技术发展和社会知识增长带来的信息剧增使得战略情报生产环境急剧变化，情报系统不得不面对由信息过载造成的战略情报分析能力不足的窘境。在分析能力增长受限的情况下，为缓解此种尴尬，以信息转换、信息过滤和信息分类为核心的战略情报处理能力应运而生。

---

① 真溱．国家窃听［M］．北京：中信出版集团，2015：56－57.

② David E. Sanger. After Profits, Defense Contractor Faces the Pitfalls of Cybersecurity［N］. *The New York Times*, 2013－06－19.

③ 约翰·奈斯比特．大趋势——改变我们生活的十个新方向［M］．北京：社会科学出版社，1984：23.

一、信息转换能力

信息转换是指将各类符号系统表述的信息转换成为情报分析人员能够辨识和理解的符号系统的过程。数字时代，信息转换的核心任务是把方便信息传递的数据信息转换为方便情报分析人员理解的语言信息。具体而言，信息转换能力主要包括信息解码能力、密码破译能力和语言解译能力。

（一）信息解码能力

为了便于存储和传播，信息被编码成为各种类型，以最大限度缩小信息存储空间或最大限度提升信息传播效率。例如，受到通信技术的制约，早期的无线电通信采用了最能节约通信带宽的摩尔斯码电报方式；互联网建成初期只能传递基于ASCII编码的文字符号。随着信息与通信技术的发展，越来越多的用于不同目的的信息编码方式开始产生并被采用。与此相对应，将各类编码形式的信息重新还原为语言、图像、视频等人类能够辨识和理解的信息的解码能力成为信息处理的关键。对战略情报系统来说尤其如此。信息时代，没有信息解码能力，战略情报感知获取的大部分原始信息将一无所用。

（二）密码分析能力

为确保信息在存储和传递过程中的完整性、保密性和可用性，防止信息泄露或被恶意篡改，信息加密成为信息拥有者保障信息安全的重要手段。信息加密是指使用密码系统将清晰的明文信息变成模糊的密文信息，以实现未经信息所有者授权他人无法解读信息内容的目的。因此，加密的对象往往是那些具有独特情报价值的信息。在充满竞争的战略情报活动领域，除却需要公开传播的信息，一切具有特殊价值的信息都会经过加密处理。密码分析的意义在此显现：研究二战历史的人都无法忽视，1940 年美国破译日本外交通信密码及英、法、波三国合作破解德国“恩尼格码”（Enigma）的重要意义。为还原加密信息的原本价值，战略情报系统必需具备能够强制破解加密信息的密码分析能力。

（三）语言解译能力

语言是人类精神表达和交流的基本沟通媒介，是信息存储和传递的主要符号系统，也是情报加工和生产的重要处理对象。语言翻译能力对于通过客观知识感知能力获取的信息尤其重要。在情报领域，语言障碍对情报生产效率构成的阻力并不亚于密码破译。以美国为例。作为美国最大的情报机构，负责信号情报侦察与监视的国家安全局对此深有体会。“9·11”事件前一天，即2001 年 9 月 10 日，美国国家安全局监听到“基地”组织沙特分支与阿富汗分支两名成员之间的电话通信。一方称：“竞赛明天开始”；另一方称：“明天是行动时间”。[1] 然而，如此重要的信息直至 9 月 13 日才被翻译出来。由于语言解译能力不足，美国联邦调查局（FBI）也面临相似的严峻形势：截至 2005 年夏天，联邦调查局（FBI）等待翻译的反恐窃听情报已经达到惊人的 8000 小时时长。[2]

二、信息过滤能力

信息过滤是指在战略情报生产过程中剔除无关信息的过程。信息是战略情报分析的原材料，是决定战略情报价值高低的重要

① Scott Shane. Coded Warnings Become Clear Only in Light of Sept. 11 Attacks [N]. *Baltimore Sun*, June 28, 2005.

② Dan Eggen. FBI Faulted on Unreviewed Wiretap Recordings [N]. *Washington Post*, July 28, 2005.

因素。然而，不同于物质产品，生产原料越丰富，产品的产量就越高；情报属于观念产品，信息材料的数量扩充并不必然带来情报产品质或量的提高。恰恰相反，信息时代，战略情报生产常常表现出这样一条悖论：搜集的信息材料越多，产出高品质情报的难度越大。原因在于，情报系统面临的工作环境发生了翻天覆地的变化：情报生产资料——信息，由稀缺性的资源变成了超负荷的负担。

资料显示，美国国家安全局（NSA）的通信情报部门每天监听约6.5亿条通讯数据，其卫星侦察部门每3个小时搜集的信息就能超越美国国会图书馆的信息含量。[①] 然而，纵观整个情报生产流程，信息洪流对情报生产带来更多的是冲击，而非推动。相对而言，在信息泛滥的时代背景下，信息获取变得越来越容易，而情报分析却变得越来越困难。其结果是，严重超载的信息生产资料致使相对有限的情报分析能力不当耗费。1995年，穆斯林、塞尔维亚人和克罗地亚人在争夺波斯尼亚控制权的过程中发生种族屠杀。是年7月，塞尔维亚人占领波斯尼亚南部的斯雷布雷尼察（Srebrenica），并针对平民展开大规模屠杀。然而，直至8月初，美国情报系统才找到有关大屠杀的确凿证据。而事实上，早在7月13日，美国一颗飞越波斯尼亚上空的间谍卫星就已经拍摄到了与大屠杀相关的照片。而造成上述情报延迟的主要原因在于，情报系统不得不耗费大量的精力去排除那些并不相关的信息。

信息过滤就是对信息超载环境下情报分析能力相对缺失的关照：通过剔除与战略情报生产并不相关的信息，维护情报分析人

---

① Patrick Radden Keefe. The Challenge of Global Intelligence Listening [C] .// Loch K. Johnson. *Strategic Intelligence*, Vol. 2, 2007: 33.

员的“不知情权”[①]，减轻战略情报分析系统面临的压力，使其能够更加“聚焦”，集中精力处理那些真正涉及国家安全的有价值信息。当然，缓解战略情报分析能力紧张形势的方法并不限于信息过滤，对过滤后的信息进行合理分类也是提升战略情报生产能力的重要手段。

三、信息分类能力

分类是指把事物、事件及与世界有关的事实划分为类或种，使之各有归属，并确定它们之间包含或排斥关系的过程。[②] 分类是人类差异辨识能力的表现，也是人类认知能力由感性上升到理性、由具象向抽象过渡的初始阶段。信息分类即按照特定标准对过滤后信息进行归类和组织，以在散乱繁杂的信息中建立起系统化、结构化和有序化的基础，从而为情报分析人员在逻辑上进行演绎或归纳时提供检索。

信息分类依据的标准主要有两类：一是信息资料的形式特征；二是信息资料的内容特征。形式特征主要指信息资料的载体类型、文件格式、数据大小、修订时间和感知手段等形式特征。例如，根据信息的载体类型可分为印刷型信息、缩微型信息和电子型信息等；根据信息的文件格式可分为文体信息、图像信息、音频信息和视频信息等；根据信息的感知手段可分为人力情报（HUMINT）、信号情报（SIGINT）、通信情报（TELCOMINT）、

---

① 1978 年，被誉为“俄罗斯的良心”的亚历山大·索尔仁尼琴出于对垃圾信息的忧虑提出“不知情权”。他认为，除了知情权外，人还应该拥有不知情权，并且后者的价值要比前者大得多。因为，过量信息对于一个过着充实生活的人来说是一种不必要的负担。”

② 爱弥尔·涂尔干，马塞尔·莫斯．原始分类［M］．汲喆译．北京：商务印书馆，2011：2.

电磁情报（ELINT）和网络情报（CYBERINT）等[①]。内容特征是指信息资料所蕴涵的内在主题和逻辑关联等。例如，根据信息内容指涉对象所呈现的地理空间分布，可将其分为亚洲信息、欧洲信息、非洲信息和美洲信息等；根据信息内容指涉对象所秉承的社会单元性质，可将其分为国家、次国家、超国家和国际组织信息等；根据信息内容指涉对象所具有的社会活动属性，可将其分为政治信息、经济信息、军事信息和文化信息等。

一般而言，原始信息素材的形式特征具有唯一性，呈现出相对简明的一一对应关系。即，按照给定的形式特征进行分类，未经加工处理的原始信息一般只与一种类型相对应。例如，按照载体特征进行划分，一条信息可以是印刷信息，也可以是缩微信息，还可以是电子信息，但它不能同时既是印刷信息又是缩微信息还是电子信息，只能三者居其一。与之相对应，信息的内容特征具有模糊性，通常显现为一对多的多维关系。即，按照给定的内容特征进行分类，一条信息可能同时与多种类型相对应。例如，以信息内容的社会活动属性进行分类，一条信息可能既是政治信息，也是经济信息，同时还是军事信息。原因无它，相对于信息形式，信息内容往往包含更加复杂的主题观念和逻辑意涵。然而，信息分类仅仅是从最浅层的逻辑层面对信息素材进行处理，信息蕴含的内在价值仍然有待情报系统的深入分析。

第三节　战略情报分析能力

感觉到了的东西，我们不能立即理解它，只有理解了的东西

① 此为习惯用法。按照情报生产流程理论，此时的信息仍然位于情报的前衍阶段，并未转化成为情报。

才能更深刻地感觉它。感觉只解决现象问题，理解才解决本质问题。[①] 战略情报分析就是对感知获取的信息的理解。从情报分析的认知过程来看，战略情报分析的本质是情报分析人员既有知识与情报分析原料之间的融合与互鉴。由于人类认知过程存在固有缺陷，情报分析人员经常会在不觉中陷入镜像思维、群体盲思、定势思维等分析陷阱。为避免战略情报失误，战略情报分析人员（部门）需要具有如下分析能力：

一、在零碎信息中建立联系的能力

虽然情报感知的理想目标是全面获取对象目标的完整情况，但实践中这一目标基本不可实现。一般情况下，情报感知系统获取的信息总是零碎的、模糊的、不完整的，甚至是自相矛盾的。零碎的情报素材就好比马赛克拼图，四处散落却不会产生任何价值。只有当情报分析人员发现其间的联系，将其拼接成为一幅完整的图景时，信息才具有情报的价值。为此，情报分析人员需要掌握情景逻辑推理能力。情景逻辑推理是指分析人员尽可能紧贴事件的具体细节，以事件本身的逻辑为推理起点，提出和分析假设。情景逻辑推理强调事件的独特性，而不是将其当作众多相似事件中的一个案例。为此，情报分析人员首先需要掌握当前形势中的已知事实，并将自己融入事件发生的情景之中，设身处地理解特定时间、地点、人物、对象可能采取的措施，从而在逻辑上确立各零碎信息之间的因果关系。由此，情报分析人员能够提出合乎情景逻辑的想定，回溯当前形势的成因，或预测未来的走向。

① 毛泽东．实践论［C］// 中共中央文献编辑委员会．毛泽东选集（第一卷）．北京：人民出版社，2009：286.

情景逻辑推理因其综合考虑大量细节而具有普遍适用性，但却存在两个不能被忽视却经常被忽视的弱点：一是分析人员很难完全融入特定情景。例如，在特定情景中，分析人员很难准确把握外国决策者及决策机构的思维方式和决策程序。相反，分析人员很可能坠入镜像思维①的陷阱而不自知。冷战期间，美苏两国的情报机构对战争威胁的评估方法截然不同。美国情报系统主要根据对方是否有能力做出威胁判断，而苏联情报系统则主要根据对方是否有意图做出威胁评估。② 但美苏两国在分析对方的反应时，却不自觉地以自己的方法揣测对方的判断。二是分析人员无法充分利用从以往类似现象中总结出的理论知识，从而极易限入无休止的细节漩涡之中。因此，这一方法仅适用于对小范围的短期事态进行分析，而无法对涉及因素繁复的长期趋势进行推理。

因此，情报分析人员不仅需要融入特定情景进行逻辑推理的能力，还需要借助广阔的理论分析视角，通过类似事件、对象之间存在的普遍性内在关联，理解各情报素材之间的关系。例如，在分析中东问题的信息时，如果仅仅采用情景逻辑推理方法，分析人员就难免陷入细节的海洋。此时，只有充分借助以往经验总结的宗教、民族、国家、地缘等理论，才能厘清具体细节之间的关系，进而将零碎的素材拼接成为一幅完整的图景。当然，情报分析人员不应忽视，任何理论总是对现实的简化。理论可以帮助分析人员迅速把握关键要素，摆脱细节的纠缠，但也可能使分析人员忽略一些关键细节甚至走向过度简化的极端。20 世纪 70 年代，美国许多伊朗问题专家关于伊朗政权的判断就存在类似情况。他们坚信专制统治者在其地位受到威胁时会使用武力维护自己的地位，因此得到强大军队支持的专制统治者不会被民众的不

① 镜像思维是指假定他国或个人会像某个特定国家和个人那样行事。

② 张长军．战略突袭预警研究［M］．北京：军事科学出版社，2010：79.

满情绪所推翻。但由于他们错误地忽略了伊朗国王巴列维的意愿，最终只能在惊愕中接受国王政权的倒闭。

二、在信噪困境中辨别真伪的能力

“信号”与“噪声”原本为通信术语，后被罗伯特·沃尔斯泰特引入情报研究。在情报研究领域，信号是指有助于情报分析人员判断对象意图的活动或线索，噪音是指那些与对象真实意图无关的、可能将情报分析引入歧途的活动或者线索。[①] 信号总是与噪音相伴而生。因此，沃尔斯泰特认为情报分析的任务就是从嘈杂的噪音之中识别信号。据此而言，情报分析能力就是信号与噪音的函数。以日本偷袭珍珠港为例。事件发生前，美国情报机构通过各种情报搜集手段获取了不少有关日本动向的情报。其中，既涉及到珍珠港，也涉及到关岛、巴拿马、菲律宾等地。最终，由于涉及菲律宾的情报最多，有关珍珠港的情报最少，致使美国情报界误以为日本真正感兴趣的是菲律宾而不是珍珠港。在此背景下，即使有人认为日本将偷袭珍珠港也已变得无足轻重。在珍珠港事件中，有关菲律宾的情报素材就成了“噪音”。它们非但不能反映日本政府的真实意图，反而干扰了情报人员的判断。

在信噪困境中，大部分情报素材并非非此即彼、泾渭分明，大多数时候它们真假混杂。因此，从噪音中筛选和提取信号既不能简单地对所获取的素材确信不疑，也不能轻易将其丢弃一旁。为确认获取的情报素材是否真实可信，情报分析人员只能通过其他相关资料进行验证。为此，情报系统必须搜集更多相关情报素

---

① Robert Wohlstetter. Cuba and Pearl Harbor: Hindsight and Foresight [J]. *Foreign Affairs*, 1965 (43): 691.

材，而新搜集的素材则会再次陷入信噪困境。由于无法区别真假，搜集更多的情报素材只会增加过滤的难度，而并不会真正有利于全面准确地判断形势。相反，如果只获取了极少量情报素材，甚至只有一份素材时，又会因为缺乏佐证而使可信度受损。1944 年 6 月，盟军发动诺曼底登陆前一天，德国情报部门获悉，英美将于 48 小时内实施登陆。[①] 由于缺少其他佐证，德军参谋本部对其只能半信半疑。

辨别真伪的根本法则在于以真鉴伪，以无可怀疑的事实为基准，去鉴别存在疑问的素材。哲学领域，笛卡尔提出“我思故我在”，为怀疑主义找到了一块不可怀疑的坚定根基。战略情报领域，情报分析人员无法追溯到“我思故我在”，只能以过去认定的事实为根基。基于这一原则，谢尔曼·肯特提出“分析金字塔”理论，即以确定的事实为根基，以明确清晰的符合逻辑的假设为边，则各边指向的塔顶即为最有可能出现的情况。这一理论不仅可以用来预测未来，同样适用于鉴别真伪。分析人员在运用这一理论时需要注意但却经常忽视两点：一是“确定的事实”随着时间的推移可能发生改变；二是明晰事实与假设的边界，不能将假设当作事实。

三、在认知相符中坚守开放的能力

认知相符是指，在认知过程中人类倾向于将新信息归入到已有的知识图景或观念之中，以使自身的认知结构趋于平衡或相符。认知相符是思维活动表现出的基本特征。思维自身总是本能地追求一致性，其结果是与既有思维印象、知识观念不符的信息

---

① Michael I. Handel. *Clausewitz and Modern Strategy* [M]. London: Frank Cass and Company Ltd., 1986: 187.

很容易被忽略，或者在认知过程中遭到扭曲和转化，以使其与既有认知和观念相符合。因此，在战略情报生产过程中，情报分析人员天然地会倾向于以是否与既有知识观念相一致为标准采信或评判新获取的信息素材。如果获取的信息不能与自己的既有观念相吻合，分析人员倾向于将这样的信息解读为与自己认知相符的证据，或者断然拒绝采信。[①]

二战期间，当德国空军司令赫尔曼·戈林被告知，德军在亚琛上空击落一架美国战机，说明美国已经制造出远程战斗机时，戈林告诉指挥击落美国飞机的德国飞行员："我也是一个身经百战的飞行员。我知道什么事情可能发生，什么事情不可能发生……因此，我向你下达正式命令，美国战机没有到达亚琛。"[②]古巴导弹危机期间，美国情报界一直无法确认苏联核弹头的储存位置。其原因并非情报机构没有掌握相关信息，而是在对信息解读时受到了认知相符特性的影响。例如，美国侦察机拍摄的多幅照片就包含位于哈瓦纳南部小镇贝胡卡尔的核弹头掩体及其附近停靠的装有核弹头的运载卡车和起重机。但由于该基地安全防护设施十分简陋（仅有一道安全护栏），完全不符合以往掌握的类似苏联基地防护设施"严防死守"的特征，致使情报分析人员认为不必对该基地进行严肃考量。

在情报分析过程中，认知相符的影响并不止于此。情报分析人员借助的分析模型也深受影响——分析人员常常会用既有分析模型评价和处理最新获得的信息，而不是用新信息来重新评判和

---

① 罗伯特·杰维斯．国际政治中的知觉与错误知觉［M］．秦亚青译．上海：上海人民出版社，2015：148.

② Albert Speer, *Inside the Third Reich* ［M］. New York：Macmillan Co.，1970：345～346.

改进既有的分析模型。[①] 尤其是在证据不足或证据模糊不清时，倾向于运用自己已经掌握的一般性知识提出假设，以模型推理弥补素材的缺失。例如，在古巴导弹危机前，美国国家情报评估认为："苏联不会将古巴领土上的核打击设施用于针对美国，因为这不符合我们所理解的苏联对美政策。"[②] 受到认知相符的影响，就算是国家情报评估这样的顶级情报产品也难免出现此种近于自欺的内容。

认知相符特性在很大程度上限定了情报系统接受新鲜信息的能力。情报分析的任务在于获取新的信息，并用其证明或证伪既有知识。从情报服务于战略的价值角度来看，证伪的意义更加重大。证伪意味着改变原有的认知平衡，重塑既定的知识结构。然而，接受新的知识，将过去熟悉的观念进行重组，需要更大的包容，以使分析人员能够付出更多努力研究那些与以往认知相悖的信息。因此，情报分析人员需要在认知相符的过程中坚守开放："在认知相符的过程中"是指分析人员不能放弃认知相符，因为放弃认知相符不仅意味着放弃了所有的既定知识，还意味着放弃了思维本身；"坚守开放"是指对新获取的信息采取开放的态度，允许其对既有的知识观念、思维模式和假设前提提出质疑。因此，"坚守开放"就是为吸收新信息、改变既有知识观念创造条件、留下可能。

四、在诱发定势中打破惯性的能力

"诱发定势"（Evoked Set）是指一个人会根据即时的联想、

---

① 小理查兹·J·霍耶尔．情报分析心理学［M］．北京：军事谊文出版社，2008：III.

② 迈克尔·多布斯．午夜将至——核战边缘的肯尼迪、赫鲁晓夫与卡斯特罗［M］．陶泽慧，赵进生译．北京：社会科学文献出版社，2015：147.

思考内容和关注焦点去认识和解读获取的信息。简而言之，人们总是根据信息接收时自己的关注对象来解读获取的信息。[①] 例如，在日常生活中，看完电影回家，看恐怖片和看喜剧片走在路上的感觉截然不同；孕妇总能看到更多的孕妇；等等。在政治生活和情报分析中也是如此。1914 年 7 月，英国外交大臣格雷勋爵向德国递交照会提醒德国，如果发生战争就会带来灾难性的后果。然而，由于德皇在收到这一照会时刚刚得知俄国正在扩军备战，致使德国认为英国参与了战争阴谋。[②]

在战略情报生产过程中，情报分析人员时常因为受到诱发定势的影响而做出错误的判断。当情报分析人员认为某些问题非常重要时，就会花费更多时间和精力关注这些问题。结果，情报分析人员会变得相对狭隘，倾向于只从其关注的问题出发来审视获取的信息。如果诱发定势的影响足够强大，情报人员就很有可能忽视那些与自己即时关注对象无关的重要信息，而在事后才发现这些信息的重要价值。二战结束初期，饱受战争伤害的苏联仍然将关注焦点停留在安全事务上。因此，当美国提出欧洲复兴计划之后，苏联分析认为："马歇尔计划的根本目的不是为了使西欧国家免于共产主义进攻，也不是试图通过优越生活来引诱苏联的卫星国。该计划的最终目的显然是军事考虑。……马歇尔计划的真正目的是建立一支可以威胁苏联的强大常规军队……"[③]

诱发定势不仅会使信息接收者忽视其包含的价值，甚至还会诱导接收者对其进行错误解读。在特殊情况下，即使信息传递方

① 罗伯特·杰维斯．国际政治中的知觉与错误知觉［M］．秦亚青译．上海：上海人民出版社，2015：224.

② 参见 Robert North. Perception and Action in the 1914 Crisis［J］. *Journal of International Affairs*, 1967（1）：114.

③ Adam Ulam. *Expansion and Coexistence*［M］. New York：Praeger，1968：447.

与接收方利益完全相同，双方都希望能够明确、清楚地表达自己的意愿，接收方仍有可能受到诱发定势的影响而对信息的原始含义产生误解。例如，日本偷袭珍珠港前夕，华盛顿与珍珠港之间的信息沟通就因诱发定势而产生误解。1941 年 11 月 27 日，华盛顿电令驻守珍珠港的肖特（Short）将军警惕“敌意行动”。刚刚获取日本外交密电的华盛顿官员理所当然地认为，“敌意行动”即“来自外部的对美国领土的攻击行动”。然而，由于珍珠港过去的经历，肖特将军对破坏活动高度警惕，他就将华盛顿口中的“敌意行动”理解成了“破坏活动”。①

诱发定势是人类思维固有的特性，是生物求存本能在人类思维中的延续。它使大脑能够直觉性地排除“不相干”信息的干扰，从而迅速抓住“焦点”信息的“关键”价值，对关系“切身”利益的“生存”环境做出判断；但同时也会使大脑非理性地忽视“次相关”信息的提醒，从而过度利用“焦点”透镜的“过滤”功能，对关涉“全局”利益的“发展”大势做出误读。表面看来，在诱发定势的影响下，分析人员（部门）以近乎本能的方式对获取的信息进行快速取舍和直观解读，实则是大脑当中的“即时联想”、“关注焦点”等先前观念在“想当然尔”，在本质上是惯性思维的延续。因此，在战略情报生产过程中，分析人员既要对当前焦点保持适度的敏感，又要警惕受其束缚形成定势和惯性，从而失去客观、理性的判断能力。

五、在群体盲思中保持理性的能力

群体盲思（Group Think，又被称为“团体迷思”）最早由

① Roberta Wohlstetter. *Pearl Harbor: Warning and Decision* [M]. Stanford: Stanford University Press, 1962: 74.

意大利哲学家安东尼奥·葛兰西（Antonio Gramsci）提出，意指在群体或组织决策过程中，由于群体中的成员倾向于使自己的观点与群体保持一致，致使群体不能进行多角度思考，从而无法进行客观分析和准确判断的一种群体性思维模式。群体盲思是多种因素共同作用的结果。从整体来看，群体盲思是群体凝聚力产生的负面结果。群体为维护自身存在的一致性，倾向于对异议分子或持怀疑立场者施加无形压力，乃至直接打压。从个体来看，受到集体主义精神的感召，群体中的成员积极追求群体的和谐或共识，习惯于选择忽视自己理性思考的权利。其结果是，一些有创意的想法、有争议的观点，甚至一些与客观实际相符的中肯意见都会在群体盲思中被否定、忽视或隔离。

群体盲思的危害巨大。在战略情报分析过程中，群体盲思不仅会压制个体的创造性、多样性观点，还会在客观上造成群体一致的错觉。在群体一致错觉的掩盖和加持下，群体极易产生过分的自信和盲目的乐观，从而使一些荒谬、错误的结论合理化为集体正确。在伊拉克战争前夕，美国情报界关于伊拉克大规模杀伤性武器的情报失误深受群体盲思的影响。美国参议院情报特别委员会有关“伊拉克战争战前情报”的调查认为，由于美国情报界普遍怀有这样一种信念，即萨达姆政权是邪恶的，它正在沙漠深处秘密制造核生化武器，致使情报分析人员自动忽视与上述信念相悖的证据，而仅仅依靠极少的证据就得出了伊拉克拥有大规模杀伤性武器的结论。在此过程中，一切与群体信念相左的观点都遭到了情报界群体的非理性排斥和压制。例如，就佐证“伊拉克拥有大规模杀伤性武器”这一结论的关键证据，即“二号线人”提供的信息，中情局、国防情报局和国家情报委员会最初都对其可信性提出过怀疑性警告。但在情报界采用该情报来源后，其可信性被合理化为一种集体正确：中情局随后在三份情报评估中对该情报来源进行特别引用，用于印证伊拉克生物武器实验室的存在。[①]

不同于前述几种认知缺陷，群体盲思产生于个体对群体的盲从以及群体对个体的压制。破除群体盲思，保持群体及其成员理性思考的能力，至少需要从两个方面着手：从组织层面来看，可引入头脑风暴分析法、A 队 B 队分析法[②]、恶魔反派分析法[③]、圈外人士引入分析法等科学方法和程序，以使不同观点和意见能够得到充分表达，避免群体组织因为缺乏外部“差异”思维而陷入僵化；从个体层面来看，群体成员应当始终坚持独立思考的立场，避免盲目认同群体性观点，同时避免“自我审查”式地忽略自己理性思考的结果或是观念中出现的合理怀疑。

战略情报分析是战略情报生产的核心环节。同样的信息素材，不同的人能够得出不同的结论，从而使其产生不同的价值。其差异就在于情报分析能力的高低。通过情报分析，战略情报感知和处理的信息得以转变成为能够为战略决策者和战略实施者使用的情报。情报分析人员需要凭借自身对于特定问题的专业理解，整合、评估和分析一切相关信息，从零散、庞杂甚至是相互矛盾的信息中建立关联、去除噪音、发现真相，并预见未来。

---

① 详情可参考 United States Senate Select Committee on Intelligence. *Report on the U. S. Intelligence Community's Prewar Intelligence Assessments on Iraq* [R]. Washington, D. C.: Government Printing Office, 2004。

② A 队 B 队分析法是指，当群体成员对某一特定观点存在争议时，允许观点相异的人自由结合成为不同小组，分别进行分析，以防止“群体盲思”压制不同意见。

③ 恶魔反派分析法是指，群体专门安排分析人员充当反派角色，像“恶魔”一样专门“挑刺”、“找茬”，寻找反驳群体主流观点的证据。

第四节　战略情报管控能力

战略情报管控是指通过对战略情报生产能力的运用，最大限度地满足战略行为体的情报需求。为此，战略情报管控需要在准确把握战略情报需求的基础上，高效利用战略情报资源，通过按需调控战略情报授权，及时、准确地将战略情报产品分发至情报用户手中。

一、情报需求掌控能力

成功的战略情报服务不仅在于通过战略情报感知和处理为战略情报分析提供有价值的信息素材，还要求战略情报成品能够及时、准确地分发至用户——战略决策者和实施者，从而使用户能够适时做出精明决策，采取恰当行动。为此，战略情报系统需要准确把握情报需求的优先排序和情报用户的需求偏好。

（一）情报需求的优先排序

稀缺性是战略情报生产始终面临的一大问题。相对于战略行为体的需求，战略情报总是稀缺的。在不同的情境下，战略行为体会产生不同的情报需求：有些需求具有较长的持续性，例如“美国大选之后新一任总统在外交政策方面具有哪些倾向”；有些则只限定于特定时空背景，例如“明天上午钓鱼岛周边水域天气情况”；有的需求指向过去，例如“中东库尔德人问题的由来”；有的关注当下，例如“当前叙利亚境内各派别的斗争形势”；有的则聚焦于未来，例如“南海问题的发展趋势”；等等。全球化时代，战略行为体的情报需求日趋复杂。在战略情报生产能力相对有限的情况下，如何确立情报需求的优先次序就成为最大限度满足情报需求的关键。一般而言，根据重要性和紧迫性的程度，情报需求排序如下：重要并且紧迫 > 紧迫但不重要 > 重要但不紧迫 > 不紧迫也不重要。

（二）情报用户的需求偏好

战略情报用户是一个集体名词，它背后代表的是具有不同偏好和个性的具体的人：他（她）既可能是决策者，也可能是执行者；既可能重点关注军事，也可能喜欢研究经济。不同的用户拥有不同的情报需求，并且会随着时间和环境的改变而发生变化。能够满足某一用户的情报需求，并不意味着也能满足其他用户的需求。如果不了解情报用户的个性偏好，战略情报系统辛苦撰写的情况报告最终有可能根本无法满足用户的需求。长此以往，在用户眼中，情报系统就成了不可信任的对象、难当重担的代名词。因此，情报系统应与情报用户保持适当接触，在尽可能少占用用户时间和精力的情况下弄清用户的真正需求，从而使其在情报生产过程中做到有的放矢。

当然，情报需求并不总是由情报用户提出。有时，情报用户并不积极参与情报系统的运行，或者无法清晰、准确地描述他们的需求。[①] 因此，很多情况下，情报需求来自于情报系统本身：情报系统基于自身在情报生产过程中对战略环境、战略威胁的理解，将发现的潜在需求提供给情报用户，并由用户决定是否上升为战略行为体的正式需求。

二、情报实力运用能力

情报实力是情报能力生成的基础，主要由战略情报手段和战

① Neil Quarmby, Lisa Jane Young. *Managing Intelligence: The Art of Influence* [M]. Leichhardt, NSW: The Federation Press, 2010: 174, 184.

略情报资源两部分构成。其中，战略情报手段可直接用于战略情报生产，而战略情报资源则需转化成为战略情报手段后方可投入战略情报生产。

（一）全面评估战略情报手段

为满足情报需求，情报系统需要将情报需求转化为情报分析任务，并根据任务需求下达信息资源需求，尔后再将信息资源需求分配至各类战略情报感知手段。在此过程中，情报系统需要全面评估各类情报手段的能力及优劣，并根据评估结果分配情报感知、处理和分析任务，从而达到高效利用战略情报生产能力的目的。例如，1943 年下半年，在太平洋战场压力不断增大的情况下，日本亟需获取盟军的动向性情报。最终，信号情报部门被委以重任。在硫磺岛和冲绳战役中，日本陆军信号情报部门通过破译密码，成功掌握了美英等盟军的进攻时间。然而，由于航空侦察手段建设落后，无法满足空中预警情报需求，1944 年起日本海上基地甚至本土经常毫无防备地遭到空中打击。由此可见，全面评估战略手段不仅能够有效提升战略情报生产能力的利用效用，还有利于及时发现战略情报手段建设中存在的短板，合理分配战略情报资源，从而避免在面临紧迫性情报需求时手段不足的窘态。

（二）合理分配战略情报资源

战略情报资源是能够用于战略情报手段建设的各类人力、物力、财力等要素的集合。战略情报手段建设须臾不能离开战略情报资源的支撑。然而，从资源到手段再到能力的形成并非一蹴而就。以战略情报感知能力为例。战略情报感知能力依赖于战略情报搜集手段的建设，而战略情报搜集手段建设则需要较长过程。例如，战略情报侦察卫星从立项、研发、发射到最后形成侦察能力一般需要至少 10 年左右的时间。然而，在这个时间周期内，立项之初的情报需求可能早已发生改变。从满足现实情报需求的角度看，战略情报系统需要按照情报需求优先排序，尽力满足重要并且紧迫的需求，密切跟踪紧迫但不重要的需求，研究关注重要但不紧迫的需求，临机处理不紧迫也不重要的需求。但从情报手段的建设周期来看，战略情报系统应努力在现实与未来之间寻找平衡，在紧迫性与重要性之间寻找平衡，合理分配有限的战略情报资源，以便最大限度地建成能够满足各种情报需求的情报手段和能力。

三、情报授权管理能力

战略情报授权是指通过对战略情报和情报用户分别进行分级、分类，在情报产品与情报用户之间建立特定关系，从而最大限度将战略情报的内涵价值“变现”为对情报需求的满足。战略情报生产是对原始信息素材的价值发掘，战略情报授权是对战略情报价值的可控变现。简而言之，就是通过控制战略情报的传递途径、传播范围，实现战略情报的定向传递，从而达成战略情报价值最大化变现的目的。

（一）合理利用保密制度

保密制度是实现情报控制的常见方法。最初，战略情报只是被简单地划分为涉密和非涉密情报；后来随着情报需求的多样化发展，依据泄露后可能给国家安全造成的危害大小，又将涉密情报进一步细分为秘密、机密和绝密三种。情报所有者通过对不同密级的情报采取不同层次的管控，防止情报价值在不当扩散中流失。然而，犹如修筑大坝防止水流失控，情报保密是对情报传递本性的人为限制，需要付出一定的成本。一方面，维持保密制度需要投入大量的人力、物力和财力成本修筑和护理“保密大坝”，并且该成本将随着定密情报数量和知密人员数量的增长而成线性比例增长。另一方面，由于“不当扩散”的衡量标准难于控制，以限制情报传递为核心思想的保密分级制极易流变为阻碍信息传播的巨大屏障，从而产生巨大的间接成本。例如，在科技情报领域，若仅从防扩散的角度对情报实施保密分级管理，情报本身内涵的巨大价值可能因为保密过度而难以实现最大化变现，从而阻碍了相应科技的研发和应用。因此，不仅要从防扩散的角度完善情报保密制度，还应从价值转化的角度建立适用范围更加广泛的战略情报授权制度。

（二）积极完善授权管理

授权管理与保密制度相伴而生，或者可以说保密制度是授权管理的特殊形式。保密从安全防范的角度限制情报的传递，授权则从价值拓展的角度控制价值的转化。保密等级划定了情报传播的范围，授权管理控制着情报传递的方向。保密是粗放式的授权，授权是精细化的保密。一般而言，秘密等级越高，获得授权的人数越少；获得授权的人数越多，秘密泄露的风险越大。① 如此就不必惊讶美国为何会出现斯诺登泄密事件。因为，美国约有140 万人拥有接触绝密信息的授权。② 当然，美国也已经意识到，在秘密数量和知密人员越来越多的情况下，仅仅依靠保密分级制度实现情报控制必将面临巨大风险。因此，美国情报系统引入“特密专案信息”（SCI）③ 授权，对情报实施精细化授权管理，以

① 秘密泄露的概率与知悉该秘密的人数存在线性等比关系。参见阿尔文·S·奎斯特．信息安全定密［M］．彭志，译．北京：金城出版社，2013：126.

② 真溱．国家窃听［M］．北京：中信出版集团，2015：54.

③ 特密专案信息并非一种密级，而是一种根据需要设定信息许可群体的授权管理方式。特密专案信息通常与某种特定的情报源相关，拥有自己的代号。例如，斯诺登揭密的“棱镜”项目下的“星风”（Stellarwind，STLW）计划就是“总统监视计划”的专案代号。

弥补传统保密分级制度存在的不足。与保密制度的粗放式“筑坝”不同，授权管理注重精细化“疏导”。情报授权管理不仅需要在保密制度的基础上完善情报分级，还要对情报用户进行细分，并在情报与用户之间建立个性化服务关系，从而“在合适的时间将准确的情报送到需要的人手中”。

保密制度的初衷是为了防止情报价值的不当流失，授权管理的目的是为了实现情报价值的实践转化。然而，不论是保密还是授权，都有一个大前提——战略情报处于可控状态之下。没有控制权，保密和授权就是空话。战略情报的控制权来自于战略情报生产能力，来自于战略情报系统对三个世界的感知、对信息素材的加工和分析。由是，为了争夺战略情报的控制权，战略情报博弈就成了国际社会中各类战略行为体无法回避的现实。

第五章

国家安全战略情报互动博弈

战略情报博弈是指战略行为体围绕战略情报的获取、生产和使用而展开的博弈互动，其中既包含战略情报竞争，也包括战略情报合作。传统情报理论因囿于战略主体的单边视角，精力集中用于研究战略主体单方的情报活动及保护此种情报活动的活动，即反情报活动[①]，反而忽视了战略情报活动的博弈互动本性。因此，只有将“战略情报活动”从给定战略主体的怀抱中解救出来，并将其置于各方乃至各类战略行为体的博弈互动之中，从战略情报博弈的视角对其进行审视，才能全面理解和深入考察那些纷繁复杂、波谲云诡、斗智斗勇的情报与反情报活动。

第一节　战略情报博弈的基本特征

战略情报博弈是战略行为体争夺战略情报控制权的斗争，涉及战略情报感知、处理、分析、分发乃至使用的各个环节。无论是战时还是平时，战略行为体总是在毫不间断地开展战略情报活

---

① 反情报活动是指为识别、欺骗、利用、瓦解或防止由外国或非国家行为体实施的情报活动，而搜集的信息以及采取的活动。参见马克·洛文塔尔．情报：从秘密到政策［M］．杜效坤译．北京：金城出版社，2014：216.

动，不仅针对战略对手，也针对战略盟友。

一、战略博弈是本质

（一）战略情报博弈是战略博弈的重要内容

战略博弈是战略行为体在特定环境中为维护各自生存和发展利益而开展的竞争性、协调性或合作性互动行为。在国际社会交往过程中，理性的战略行为体竭尽所能确保生存并努力实现自身利益的最大化，以期在博弈过程中占据优势。然而，博弈是双方或者多方互动的结果，博弈的结果并非只取决于自身的决策，还取决于其他博弈参与者所采取的行动。因此，战略行为体在博弈过程中必须考虑其他参与者的行为。由是，为获取战略博弈的最优结果，战略行为体不仅需要在战略决策层面“运筹帷幄，决胜千里”、在战略实施层面“奇正相生，虚实相辅”，还必须在战略情报领域“知己知彼，知天知地”。

（二）战略情报博弈服务并受制于战略博弈

情报博弈是战略博弈在认知领域的反映和投射。情报博弈服务于战略博弈，战略博弈指导并规定着情报博弈的方法、形式和内容。例如，在国际关系领域，国家间战略关系的重大变化必然要求战略情报活动作出相应调整。因此有人评论说：“世界上根本没有什么‘关系友好’的情报机构，有的只是友好国家的情报机构。”[①] 战略博弈的需求决定着战略情报博弈的内容。正如美国情报问题研究专家托马斯·帕沃斯（Thomas Powers）在《情报战争》一书的序言中所说，“知道总统及其幕僚说了什么，就等于知道了情报系统的任务清单；同理，如果你知道中央情报局（情

① 马克·洛文塔尔．情报：从秘密到政策［M］．杜效坤译．北京：金城出版社，2014：217.

报系统）正在干什么，就等于知道了总统想要做什么。”① 当然，许多时候以总统及其幕僚为代表的决策层并不会开诚布公地展示其意图，战略情报博弈的重要性由此显现出来——通过开展情报与反情报活动，满足己方情报需求并想方设法阻碍对手满足情报需求的努力。

（三）战略情报博弈是战略博弈的先兆指针

作为战略博弈的重要内容，战略情报博弈在满足战略博弈需求的同时，还以自身的胜负影响着战略博弈的成败。二战历史表明，不论是轴心国还是同盟国，情报博弈的胜负对于战略博弈的成败都至关重要。1940 年 5 月德国闪击法国、1941 年 6 月德国重创苏联、1941 年 12 月日本偷袭美国珍珠港，无不得益于事前德日两国在战略情报博弈中取得的优势。同样，后来同盟国在诺曼底登陆、中途岛海战中取得重大胜利，也离不开其在密码破译、情报分析等情报博弈中取得的成果。美国在越南战争中的失败教训也说明，在武器装备完全占据优势且拥有自由行动权的情况下，如果缺乏情报支援，无法及时发现、定位和识别敌人，最终只能落得筋疲力尽、徒劳无功的下场。虽然对战略博弈成败的原因分析很难摆脱“事后诸葛亮”的嫌疑，但历史事实表明，鲜有战略行为体在情报博弈落于下风的同时却能够取得战略博弈的优势。

二、资源争夺是核心

战略情报是一种特殊的战略资源。它以一种经过动员的知识面孔出现，内里却蕴含着各类稀缺的物质资源，并在需要时被战

---

① Thomas Powers. *Intelligence Wars: American Secret History from Hitler to al-Qaeda*［M］. New York，NY：The New York Review of Books，2004：XIII.

略行为体用作影响和控制他者行为的权力资源。战略情报博弈表面上看是对战略情报控制权的争夺，而实际上是对各类战略资源的争夺。具体如下：

（一）战略情报是动员增值的知识资源

战略情报是情报系统经过信号感知、信息处理和情报分析等流程而生产出的价值成品。在此过程中，新近获取的信息素材无疑是不可或缺的生产原料。然而，作为情报成品的生产原料，既有知识同样不可或缺但却经常遭到忽视。既有知识以内化于情报人员和生产工具之中的形式介入整个生产过程，甚至使用过程。综合考察，战略情报生产应被视作动员既有知识以辨识、应对和融合最新信息的价值增值过程。信息时代，各类战略行为体都不缺乏信息，甚至也不缺乏知识，但都必然渴望得到那些经过知识动员、融合最新信息、获得价值增值的战略情报。

（二）战略情报是符号指涉的物质资源

作为信息产品，战略情报是一种分有型物品①，它可以同时被无限多人拥有并使用，并且不会在使用过程中损耗。然而，作为一种客观知识，战略情报实质上是一种以符号系统形式指涉的现实世界。它虽然借助于书籍、光碟、磁盘、芯片等物质载体而存在，但却远非上述物质载体能够衡量。战略情报的真正价值体现在符号系统背后所指涉的现实世界，体现为现实世界中的人力、物力、财力等物质资源。对于战略行为体而言，虽然战略情报的分有特性使其能够被多人同时占用而不遭受损耗，但其真正的价值——符号系统指涉的物质资源却只能独享，且会在使用过

① 从使用的角度来看，物品可分为两种，即独享型物品和分有型物品。独享型物品同一时间只能被一个用户占用，例如铅笔、书桌、电脑和水杯等，并会在使用中被消耗。分有物品可以同时被无限多人使用，并且不会在使用过程中产生损耗，例如电影、音乐、思想等。

程中不断消耗。

（三）战略情报是潜在的软性权力资源

战略情报蕴含的价值使其成为影响和控制其他战略行为体的重要权力资源。美国就多次凭借自身强大的战略情报能力影响或控制“友邦”。20 世纪 70 年代，由于英国首相爱德华·希斯（Edward Heath）执行“欧洲优先”政策而“忽视”了美国的利益，美国就以自身的战略情报优势为手段，“敦促”英国不要忽视美国的利益。[①] 1990 年海湾战争爆发后，美国要求加拿大派兵助阵，加拿大以军舰陈旧为由予以拒绝。美国则以切断对加拿大的情报支援，“让他们统统黑屏”为手段施加压力，迫使加拿大屈服。[②] 当然，作为一种权力资源，战略情报的作用效力并非仅限于盟友，一切战略行为体都可成为其施展对象；其作用方式也并不仅限于外部施压，利用战略情报对战略行为体进行知觉控制可能效果更为显著。

三、知觉控制是目标

战略情报博弈是对战略情报控制权的争夺。通过掌握战略情报的控制权，战略行为体不仅能够最大限度满足己方的战略情报需求，同时还能够间接控制其他战略行为体的“知情权”，影响、塑造甚至控制其他战略行为体的战略认知，从而使其做出有利于己方意愿和利益的战略决策。战略情报博弈的终极目标就在于此。

二战期间，德国进攻苏联前夕，德苏之间展开了激烈的战略

① 详情参见真溱．国家窃听［M］．北京：中信出版集团，2015：228.

② Richard J. Aldrich. Allied Code-Breakers Cooperate but not Always ［N］. *The Guardian*, 2010－06－24.

情报博弈。德国国防军最高统帅部对虚假情报的杰出操控，成功误导了斯大林的判断，使其相信超过100个师的德军正在实施的无法隐藏的大规模东进只是为了欺骗英军的一次佯攻。① 人类总是倾向于对事实做出符合自己意愿的解释。当斯大林认定德国不可能于1941年发动侵苏战争后，一切有关德军准备进攻苏联的情报就都成了英美等国阴谋发起的挑拨。② 同样，在诺曼底登陆前夕，同盟国与德国之间也展开了激烈的情报博弈。德国想方设法利用各种手段最终也未能获取有关盟军登陆作战的具体时间和准确地点，而同盟国则成功地诱使德国相信，那个根本不存在的美国“第1集团军群”将会担任登陆作战的主力；等等。

知觉控制的对象并不限于战略博弈对手的决策层以及为决策层服务的战略情报系统，还包括构成战略博弈对手的普罗大众。前者诱使战略对手决策层做出错误决策，从而致使其在某一轮战略博弈中遭受暂时的失败；而后者则有可能从根本上剥夺战略对手存在的基础，从而使其永远失去博弈的资格。未来学家阿尔文·托夫勒也曾从“信息权术”的角度专门探讨知觉控制问题。他认为，现代社会所面临的各类政治危机中，博弈各方都将运用“信息手法”，也就是通过操纵信息影响对方的决策选择和决策实施，影响对方人民和决策者的沟通，从而破坏对方的政治稳定，实现自己的政治目的。③ 冷战时期，美苏两个超级大国在战略情报博弈过程中针对对方开展的知觉控制行为甚至到了防不胜防的

① 关于德国针对苏联的骗局，参见巴顿·惠利《代号巴巴罗萨》（*Code Word Barbarossa*，Cambridge，Mass.：MIT Press，1968）

② 1941年6月21日，德国进攻苏联前一天，苏联情报机构报称德国将于次日进攻苏联。斯大林对此批复称，“这份情报是英国的挑拨。谁提供的这份情报，就要对谁进行惩罚”。参见孙建民，汪明敏，杨传英．情报战战例选析［M］．北京：国防大学出版社，2010：120.

③ 阿尔文·托夫勒．权力的转移［M］．吴迎春，傅凌译．北京：中信出版社，2006：174～181.

地步：苏联国家安全委员会（KGB，即克格勃）内部专门成立“假情报部”，针对美国情报系统实施欺骗，致使中情局苏联部一度陷入内讧几乎瘫痪；[①] 中情局则暗中资助“自由欧洲电台”和“自由之声”电台等大肆针对苏联及东欧地区民众进行歪曲宣传，煽动群众对共产党政府的不满情绪，进而逐渐瓦解苏东意识形态与社会体系的合法性。[②]

战略情报博弈的本质是战略博弈。在战略博弈层面，没有永恒的朋友，只有永恒的利益。与之相应，在战略情报博弈中，没有永恒的对手，只有永恒的情报。正如美国国家安全局监听部门所崇尚的箴言：“我们只信仰上帝，然后监视其他一切。”战略情报博弈是战略博弈的重要组成部分，但又不同于传统以战争、冲突等形式为主的暴力型博弈。情报博弈的持续性、隐蔽性、弱暴力特性使其逐渐成为传统战略博弈的重要补充。并且，随着战争、冲突等传统战略博弈方式需要付出的代价越来越高昂，战略情报博弈开始变得越来越频繁、越来越重要。毕竟，战略博弈不只是为了取得胜利，还要考虑胜利带来了什么。

第二节　战略情报博弈的互动模式

在情报与反情报活动的研究语境下，战略情报活动波谲云诡、神妙莫测，研究者经常陷入若隐若现、真假难辨的细节之中而困苦不堪。然而，只要抛弃自动带入的战略主体视角，从战略博弈互动的角度重新审视战略情报活动，一切就会变得豁然开朗。作为战略博弈的一部分，战略情报博弈大体存在三种互动模

① 详情参见爱德华·爱波斯坦．骗中骗——克格勃与中情局的无声战争［M］．杨哲译．北京：金城出版社，2014.

② 关于美国对苏知觉控制的研究可参考谢·卡拉—穆尔扎．论意识操纵［M］．徐昌翰译．北京：社会科学文献出版社，2004.

式，对抗模式、协调模式与合作模式。

一、对抗模式

对抗模式是战略博弈的竞争性在战略情报博弈中的特殊表现。“特殊”是指当且仅当战略博弈的竞争性发展到对抗阶段时，战略情报博弈才会进入对抗模式。但“特殊”并不意味着罕见。在没有制度规范的无政府状态下，竞争性的战略博弈由于缺乏约束，经常发展至对抗阶段，战略情报博弈的对抗模式也因此屡见不鲜。在对抗模式下，战略情报博弈具有以下特点：

（一）博弈方视对方为现实安全威胁

就国家安全而言，战略威胁存在三种基本情况：一是不存在威胁；二是存在潜在威胁；三是存在现实威胁。不存在威胁是指战略行为体不存在任何安全挑战，因而主观上处于平和状态；存在潜在威胁是指战略行为体可能面临一种或多种安全挑战，因而主观上处于忧虑状态；存在现实威胁是指战略行为体正处于安全挑战之中，因而主观上处于恐惧状态。战略情报博弈对抗模式最鲜明的特点就是，博弈方视对方为自己不可忽视的现实威胁。例如，一战期间同盟国与协约国、二战期间轴心国与同盟国，冷战期间北约集团与华约集团之间的战略情报博弈，各方都视对方为己方不可忽视的现实威胁。因此，在对抗模式下的战略情报博弈各方必然拥有明确的博弈对手。

（二）战略情报博弈激烈程度仅次于战争

在威胁来源已经确定的情况下，处于对抗模式下的战略行为体不以发现战略威胁为战略情报博弈的重点，而以判定威胁将于何时在何地以何种方式爆发为核心；不以转化或弱化威胁为博弈起点，而以消除或消灭威胁为博弈终点。博弈各方竭尽所能获取对方、战略情报并阻止对方获取己方、战略情报，从而引发激烈程度仅次于战争的对抗。一般而言，对抗模式通常意味着战争即将来临或者正在上演。对于有核国家而言，由于受到核战争恐怖后果的制约，对抗模式则会因其更加可控而成为战争的替代品。冷战期间，美苏两大集团展开的战略情报博弈可谓对抗模式的典型。

二、协调模式

协调模式是战略情报博弈最常见的互动模式。在协调模式中，博弈各方既面临无法独自解决的共同威胁，也存在难以调和的利益纷争。无法独自应对的共同威胁促使各方在战略情报博弈过程中开展必要的合作，然而难以调和的利益纷争又使得各方无法建立高度信任，建立具有长期稳定性的合作模式。因此，博弈各方不能完全依据自身利益开展战略情报活动，还要考虑彼此共同面临的威胁，协调彼此的行为，是谓协调模式。

（一）博弈各方难以独自应对安全挑战

战略情报博弈的协调模式建立在难以独自应对的安全威胁之上，因而具有被动意义。二战期间，英、法、美、苏等国因为无法单独承受来自德、日、意等法西斯国家的侵略扩张，不得不在战略情报领域开展合作、协调行动。例如，英美情报部门先于1942年9月缔结有关信号情报合作的“霍顿协议”，尔后又于1943年5月正式签订开展通信情报合作的《英美协定》。在共同威胁的巨大压力下，甚至连多诺万（Donovan）领导下的美国战略情报局（OSS）与苏联内务人民委员会（NKVD，克格勃前身）也建立了定期交流关系。同样，基于对苏联威胁的防范，20世纪70年代中美两国就共同获取和分享有关苏联的情报达成共识——

中美两国在新疆合作建立了监听站，共同对苏联开展情报侦察。[①]共同威胁奠定了战略情报协调的基础，也限定了战略情报协调的范围。

（二）协调模式的适用范围和程度有限

共同的威胁只存在一时，而纷争的利益却无时不有。战略情报博弈的协调模式只是博弈各方在特定条件下针对特定问题开展的不完全合作，协调之外的竞争并未因此而消失。协调模式具有鲜明的针对性，博弈各方仅就共同面对的具体威胁进行协作，一旦特定威胁解除，战略情报博弈的协调模式即告结束。二战后期，随着轴心国在战场上的失败而来的不仅仅是同盟国取得的胜利，同时也奏响了同盟国自身瓦解的序曲。共同威胁解除后，苏联与美、英、法等国结成的同盟关系不复存在，英、法、美、苏等国在战争形成的战略情报协调也随即宣告结束。此外，作为一种分有型产品，战略情报一旦分享便无法再被收回。因此，在具有临时性的协调模式下，战略情报博弈各方所能达成的协调大多只能停留在浅表层面的“互通情报有无”，而很少能够进行更深层次的“联合情报生产”。

三、合作模式

合作模式是战略情报博弈的友好互动，主要表现为博弈方在情报素材搜集方面的分工以及情报产品使用方面的共享。合作模式的基本要求是参与者彼此不针对对方开展违背对方意愿的谍报、窃听等非法情报活动。英、美、加、澳、新五国组成的情报联盟堪称合作模式的典型代表，对其形成、发

① 参见贾晓光．天眼［M］．哈尔滨：黑龙江人民出版社，2004：19.

展过程和合作方法进行考察有助于全面理解战略情报博弈的合作互动。

（一）共同威胁是合作模式萌发的初始条件

二战期间，由于共同面临轴心国的扩张野心，同盟国之间开展了广泛的战略情报合作。其中，“英联邦表亲”情报集团最具代表性。该集团由英国、美国、加拿大、新西兰和澳大利亚五国组成。战时，五国内部，尤其是英美之间，就信号情报、空中侦察情报和反情报等方面进行了密切合作。二战结束后，五国之间的情报合作并未终结。相反，在冷战背景下，五国之间的合作愈加正式、牢固。1946 年，英美两国率先签署通信情报协议，规定两国分工搜集并共享有关苏联、东欧国家和中国的情报。随后，加拿大于 1948 年①、澳大利亚和新西兰于 1956 年加入该协议。二战时的“英联邦表亲”情报集团摇身一变成为了“五只眼”情报联盟。“五只眼”情报联盟重点就信号情报的拦截、侦听和分析开展合作，涉及的情报机构包括美国国家安全局（NSA）、英国政府通信总部（GCHQ）、加拿大政府通信安全局（CSE）、澳大利亚国防通信局和新西兰政府通信安全局等。

（二）“秉赋差异”是合作模式建立的必要条件

相对于无限的安全需求，战略情报是一种有限的稀缺资源。因此，没有哪个国家能够彻底解决战略情报的稀缺性问题，在情报领域达成“完满”。为最大限度地满足情报需求，战略情报合作成为一种必然选择。由是，战略行为体的情报资源秉赋差异成为合作模式延续的必要条件。在“五只眼”情报联盟内，战略情报合作与五国情报资源秉赋差异密切相关。例如，基于地理分布

---

① 有资料称加拿大于 2012 年才加入，可信度较低。参见“五只眼”情报联盟拦截全球通讯美国系“老大”［R］. Eastern RAND Report，2013.

差异，“五只眼”得以形成覆盖全球的信号情报监视网络。① 英美两国尤其密切的战略情报合作关系离不开二者在战略情报生产方面存在的秉赋差异：（1）对方能够获得己方无法得到的情报。跨大西洋海底电缆大多经过英国，使得英国在监控欧洲信号情报方面比美国更具秉赋优势。美国情报系统在密码破译和卫星侦察方面掌握的优势为英国同行所向往。据信，在英阿马岛战争期间，英国获取的有关阿根廷海军和军事行动的信号情报有98%来自美国国家安全局。②（2）对方能够获取己方不方便获取的情报。美国国家安全局与英国政府通信总部密切开展合作的一个不便公开的原因是，两家情报单位的合作能够帮助各自绕开监视本国人存在的法律限制。③

（三）共同理念是合作模式存续的基本条件

“共同理念”是指战略情报博弈各方在某一类普遍的抽象问题上拥有相同的观念和态度，而非仅在某一个特定的具体问题上采取相似的看法或立场。冷战结束后，“五只眼”情报联盟并未因共同敌人苏联的解体而解散，相反却不断得到巩固和加强，根本原因就在于英、美、加、澳、新五国同属盎格鲁—萨克逊英语文化圈，在处理国际关系时拥有相似的文化和理念，彼此不存在根本性利益冲突。与之相对应，法、德、意等国虽然同属西方国家，且在冷战期间皆为美英盟友，但却未能建立起战略情报博弈

---

① 据信，美国主要负责监控拉美、亚洲、俄罗斯的亚洲部分和中国北方地区；英国负责欧洲、非洲和俄罗斯的欧洲部分；澳大利亚负责东南亚和中国南部地区；新西兰主要负责西太平洋地区；加拿大主要负责俄罗斯北部地区和中南美洲地区。参见贾春阳．“五只眼”情报联盟：从哪里来，到哪是去［J］．World Affairs，2013（23）：32.

② James Bamford. *Body of Secrets*：*Anatomy of the Ultra-Secret National Security Agency*［M］. New York，NY：Doublyday，2001：400.

③ 因受到国内法律限制，英美两国情报机构都存在监视本国人比监视外国人“麻烦”的难题。

的合作模式。2013年，斯诺登揭密显示，法、德等国也是美国国家安全局监视的重要目标。[1] 正如美国国土安全部助理部长斯图尔特·贝克尔（Steward Baker）所言，盟友未必是朋友。[2] 即使是在文化理念相近、一体化程度最高的欧盟，在面对恐怖主义的巨大威胁时，各成员国虽然都已认识到情报合作的重要性，但在多次宣布加强反恐情报合作后，实际进展却十分缓慢。利益驱使盟友，理念聚合朋友。在战略情报博弈过程中，只有拥有共同理念的"朋友"才能建立相对持久的合作模式。

对抗、协调与合作是战略情报博弈的三种基本互动模式。从战略情报博弈的主体视角来看，某个战略行为体可能同时处于三种模式之中；但从战略情报博弈的互动角度来看，同一博弈过程中的博弈各方只能存在一种互动模式——或者对抗，或者协调，或者合作。然而，不论战略情报博弈处于何种互动模式，其核心都是争夺战略情报的控制权，最终都要落实到具体的方法手段上。

第三节　战略情报博弈的手段选择

战略情报博弈包含两个层次：一是信息层，即以信息获取权、控制权为核心的博弈行为，根本目标是夺取制信息权；二是认知层，即在制信息权的基础上通过认知操纵，实现对目标战略行为体的知觉控制。前者以信息控制为目的，将信息及信息系统作为一种物质资源进行争夺与控制，因此被称为物质信息博弈；后者以知觉控制为目的，是战略行为体在认知领域展开的进攻与

① 2013年10月，《明镜》周刊爆料称，德国总理安格拉·默克尔被美国监听超过10年。

② Stewart Baker. Allies aren't always friends [N]. *The New York Times*, 2013-12-19.

防御行为，因此被称为精神认知博弈。①

一、物质信息博弈

物质信息博弈的根本目标是夺取制信息权，实现有利于己方的信息不对称。信息时代，电磁空间和网络空间是信息存储和传递最主要的物理媒介和技术载体。因此，电磁空间博弈和网络空间博弈成为战略情报物质信息博弈的主要手段。

（一）电磁空间博弈

电磁空间是一切电磁信息存储和传播的物理载体，也是网络空间建设和发展的物理基础。电磁空间博弈就是围绕各类电磁信号展开的攻防活动，从电磁信息存储和传播的物理层面争夺制信息权。常见的电磁空间博弈有两种形式：

一是电磁干扰。电磁干扰是指通过发射、释放电磁信号干扰对方电磁信息存储和传递功能的活动，按领域划分包括通信干扰、雷达干扰、光电干扰、导航干扰和制导武器干扰等。自1902年英国海军首次在地中海举行无线电干扰演习算起，电磁干扰活动已有百余年的历史。冷战期间，为遏制西方国家利用美国之音（VOA）、英国广播公司（BBC）、自由欧洲广播电台（RFE）、自由广播电台（RL）和德国之声广播电台（DW）等无线电广播进行歪曲宣传和恶意煽动，苏联和东欧国家进行了大规模电磁干扰活动。据信，为确保每座人口规模25万以上的城市至少配置15部广播干扰发射机，华约国家总计建立了1500个左右干扰站，其

① 关于物质信息博弈与精神认知博弈的划分受到刘亚洲将军的启发，参见刘亚洲．军改是一场革命［N］．参考消息，2015－12－30。

中苏联境内800个，东欧各国700个。[①] 在2003年的伊拉克战争中，美英联军总计投入55架EA－6B、8架EC－130H电子战飞机对伊拉克的军用雷达、指挥通信系统实施电磁压制，致使伊军雷达不敢开机、无线电通信系统无法通联。通过电磁干扰，美英联军有效地压制甚至瘫痪了伊军的电子通信系统、情报预警系统和指挥控制系统，使得伊军很难获得作战指挥所需的战场情报，作战单元难以实施有效的作战协同，最终只能被美英联军分割包围、各个歼灭。

二是电磁瘫痪。相对于电磁干扰，电磁瘫痪是一种毁伤效果更加强大的电磁空间博弈手段。电磁脉冲（EMP）武器是实施电磁瘫痪的攻击利器。电磁脉冲武器利用电磁场与电子设备的耦合效应，通过瞬间释放高功率电磁波，干扰、破坏甚至烧毁电子元器件，从而使攻击范围内的所有电子系统逻辑紊乱、控制失灵、停止工作。电磁脉冲武器毁伤范围极大、破坏速度极快，且不会摧毁建筑物或有机生物，因而又被称为信息时代的“第二原子弹”。20世纪80年代，美国率先开始研制电磁脉冲武器，并于1991年在海湾战争中首次进行实战运用。1999年，在对南联盟的轰炸中，通过使用微波脉冲武器，北约成功地瘫痪了南联盟部分地区的通信设施3个多小时。2003年，在伊拉克战争中，美军使用电磁脉冲炸弹轰炸巴格达，造成该地区大面积停电，雷达、电脑、媒体和通信设施等陷入瘫痪。

（二）网络空间博弈

网络空间博弈是战略行为体争夺网络空间控制权的战略互动行为。美国未来学家托夫勒指出，当今世界，谁掌握了信息，控

① 薛高连，顾俊．电磁空间的较量——电子站安全评析［M］．上海：南京政治学院上海分院，2010：63。

制了网络，谁就将拥有整个世界。[①] 信息时代，网络空间凭借其作为信息存储和交换的最重要承载而成为战略博弈的前沿和高地。网络空间博弈主要表现为两种形式：

一是网络空间封锁与反封锁。网络是现代信息传递的最重要路径。信息时代的网络就好比大航海时代的海洋。网络空间封锁就是剥夺目标对象通过网络海洋进行内外信息交换的权利，使其沦为信息孤岛。2003 年，在伊拉克战争中，美国政府曾对管理伊拉克 . IQ 的域名服务器进行控制，致使伊拉克境内网站瘫痪而无法与世界正常互通。[②] 反封锁，顾名思义，是国家防止、反抗遭受网络封锁的行为。为防止出现伊拉克遭受网络封锁的情况发生，2003 年 3 月 17 日，中国正式开通 . CN 二级域名注册。由于 . CN域名服务器在国内，所以不用担心特殊时期他国通过停止解析服务等手段瘫痪中国网络。根据中国互联网信息中心公布的统计数字，截至 2015 年 5 月，由中国直接控制管理的 . CN 二级域名注册量占所有中国互联网注册域名数量的 76. 9% 。

二是网络空间介入与反介入。网络空间是信息技术的产物，虽然虚无飘渺，但并非没有界限。网络空间的介入与反介入就是对网络空间界限的突破与防护。网络空间界限失控将会危及空间内部的信息安全，乃至与之联接的现实世界的安全。例如，2010 年伊朗核设施信息网络遭受震网（Stuxnet）病毒[③]攻击，导致上千台离心机报废，核计划被迫延迟。2011 年 11 月，伊朗国防计算机系统遭到“独取”（Duqu）病毒攻击，致使大量涉密资料遭窃。网络空间介入能够在极小代价和风险的情况下实现既定目

① 转引自洪鼎芝. 信息时代：正在变革的世界［M］. 北京：世界知识出版社，2015：前言。

② 刘钢. 信息哲学探源［M］. 北京：金城出版社，2007：26.

③ 震网病毒可以突破网络空间的虚拟边界对真实世界发动攻击，对机器设备造成损伤。

标，使其成为战略行为体重点打造的能力。2011 年，美国国务院追加 2500 万美元支持“弹弓”[①] 计划；斥资 7000 万美元设立“影子互联网”，协助伊朗、叙利亚、利比亚等国反对派与外界联通，避开本国政府监控或封锁网络；拨款 200 万美元开发“手提箱互联网”，通过手提箱到他国部署移动互联网网络。12 月，美国还专门开设驻伊朗“虚拟大使馆”，为伊朗人提供签证服务。

物质信息博弈虽然被冠以“物质”之名，但却不同于传统意义上以战争为代表的物质博弈形式，二者之间存在较为鲜明的边界划分。以电脑空间博弈为例。电磁空间博弈的手段只限于电磁领域自身。超越电磁手段的物理打击，如火力打击，即便其目标也是夺取制信息权，例如打击战略对手的通信卫星，也已经超出了电磁空间博弈的范畴。原因十分简单，好比两个人打架，通过强光照射致使对方视觉功能紊乱与直接刺瞎其双眼导致物理毁伤存在着本质的不同。

二、精神认知博弈

精神认知博弈是战略行为体通过战略情报控制，针对目标行为体知觉系统展开的博弈，目的在于干扰、欺骗和误导目标行为体的决策者及决策系统的认知，进而使其做出有利于己方的战略选择。相比较物质信息博弈的“硬杀伤”，精神认知博弈造成的作用是“软杀伤”。“软杀伤”的重点不在“杀伤”，而在“软”。“软”的最高境界是“润物细无声”，是“不知有之”，即目标对象不知道自己已经被控制，不知道自己已经成为知觉控制的目

① 该技术旨在识别被审查内容，并把被屏蔽内容像弹弓一样发射出去，实现逃避网络监控的目的。参见许蔓舒 .2011 年度网络空间安全形势分析［C］//《2012：国际军备控制与裁军》，北京：世界知识出版社，2012.

标，也不知道施控者的存在。精神认知博弈主要有三种方式：

（一）战略欺骗

战略欺骗是战略行为体为获取相对优势而故意呈现虚假事实的战略行为，意在引导战略对手作出不利于其自身利益的反应。公元前1312年，埃及法老拉姆泽斯二世与赫梯人在叙利亚北部的卡杰什城郊交战。有两个士兵假装从赫梯军营逃出，向法老谎报军情。法老拉姆泽斯轻信敌情，向敌人发动进攻，结果身陷重围。[①] 古代最伟大的统帅之一，朱里乌斯·恺撒，在征服高卢期间多次使用谍报员。他暗中指派自己的谍报员携带假情报潜入敌营，欺骗敌人。[②] 20世纪30年代的二战前夕，为削弱苏联的实力，法西斯德国的党卫军保安处成功对苏实施战略欺骗，直接致使图哈切夫斯基元帅含冤身亡，间接导致斯大林在全苏境内展开了一场空前绝后的“大清洗”。一般而言，战略欺骗的基本特点是通过传递虚假情报，实现“损人利己”的目标。依据“软杀伤”的评判标准，战略欺骗是最低层次的精神认知博弈，原因在于欺骗行为依赖于虚假的信息实现，并且从根本上违背被欺骗者的利益，因此难度相对较高，成功机率较低。

（二）战略误导

战略误导是战略行为体通过有选择地展示自己的意图、能力或行为，造成战略对手误判，使其做出有利于自己利益的决策。战略误导与战略欺骗的区别在于，战略误导不存在欺骗行为，只是故意隐藏自己的部分意图、能力或行动。1974年，美国网络评估办公室被委任一项研究，即和平时期该如何打造关于国家优势

① E·契尔尼亚克．秘密战五百年［M］．傅师，译．北京：群众出版社，1980：2.

② E·契尔尼亚克．秘密战五百年［M］．傅师，译．北京：群众出版社，1980：3.

与弱势的误导性形象，从而迷惑敌人赢得战略优势。“星球大战”计划可被视作战略误导的典型案例。20 世纪 80 年代，里根不仅将“星球大战”计划视为终极“核武盾牌”，同时还隐藏着这样一种期望，即诱使苏联也推行他们自己的“星球大战”计划，从而摧毁他们的经济。[①] 在“星球大战”计划中，美国人展示了其“核武盾牌”的意图，却隐藏了“利用军备竞赛搞垮苏联经济”的意图。与战略欺骗相比，战略误导的目标相对有限，“利己”是其直接目标，“损人”只是附带效果。因此，战略误导经常与孙子所言的“悬权而动”相伴随——战略行为体通过塑造一种进可攻退可守、可奇可正的主动态势，为己方行为赋予多种“意义”，从而可以通过展示部分“意义”来误导目标对象。

（三）战略规劝

战略规劝是指战略行为体在深刻洞察目标对象利益需求及彼此双方利益关系的基础上，通过有选择地展示己方及第三方的真实意图、能力和行动，引导目标对象做出对双方都有利的战略选择。20 世纪 70 年代，法国与巴基斯坦就建设一座核燃料再处理工厂达成协议，该工厂能够提取既可民用也可制造原子弹的钚。美国政府采取威胁、利诱、劝说等各种办法都无法阻止两国进行交易。巴方一心想要获取核技术，而法国认为该项目为民用。直至 1977 年，美国掌握并向法国递交有关巴基斯坦准备制造核武器的确切情报后，法国主动中止了与巴基斯坦的合作协议。战略规劝的目标是引导目标对象做出于己有利于人有利的选择，并不损害目标对象的自身利益，因此最有可能达到精神认知博弈中的最高境界。然而，也正是由于这一点，战略规劝的适用范围相对受限，适用条件相对苛刻。它要求实施对象与实施者之间不存在不

① 麦克松．你不知道的美国情报秘史［M］．南昌：百花洲文艺出版社，2011：162.

可调和的结构性矛盾，当然如果可能，两者之间最好有共同的利益诉求。

在战略情报博弈过程中，物质信息博弈与精神认知博弈相辅相成。物质信息博弈要以精神认知博弈为归宿，精神认知博弈以物质信息博弈为基础。没有物质信息博弈的成果，精神认知博弈就是空中楼阁；不以精神认知博弈为归宿，物质信息博弈就失去了意义。

第六章

新形势下国家安全和大国博弈对战略情报的新需求

战略情报是为维护国家安全、参与国际竞争服务的，新形势下的情报工作要实现从“单向提供情况”向“主动服务、有效反馈、积极作为”转型，为国家战略决策提供有力保障。不能局限于提供描述基本事实、反映事物变化动态的即时性情报，而是必须抓住事物的本质特征，对事物发展趋势做出超前预测。既要发挥好“耳目”的作用，也要承担起“智库”的功能，这样才能更好地适应国家安全和大国博弈的前瞻性实用性要求。

第一节　战略情报要注重考察时代发展的背景特点，对国际体系发展大势有全局性的把握

国家制定和实施战略面临的大环境，实际就是国际关系体系这个大系统。情报作为决策的先导，应当从时代主题、世界格局、国际秩序三个不同层次对国际关系进行深入考察，尤其是要依据国家力量对比和战略关系状态，作出超前研判和预测，为决策者把握国际关系全局、认识国际关系运行演变的规律及趋势，提供比较直观的背景参照与借鉴。这是国家决策职能分工的时代

要求，也是情报工作地位提升、任务拓展的具体体现。

国家战略决策是一个庞大的系统工程，面对复杂多变的国际竞争环境，决策者更多时候不得不进行多方向、多目标、多领域决策或综合施策。为减轻其工作负担，将有限精力聚焦于决策的核心环节，情报系统应承担起智囊系统的某些功能，并尝试将职能延伸到决策环节中。比如，将环境研判、形势分析等一些基础性工作，最大限度从决策者任务清单上剥离，这不是不要决策者关注情报结论，而是尽可能使这些工作的关口前移。这同时也对情报工作提出了很高的要求，即情报工作要聚焦于对国际环境和国际体系发展大势的总体把握，要超越原来“点与线”的阶段性情报成果梳理，基于国际体系坐标系，形成“面或体”的综合情报和长远形势分析结论。情报工作这一转变，能够减少决策者对情报的偏好带来的不良影响，有助于其更加客观地判断形势、做出决策。

时代变化、格局演变、秩序变动将迫使国家安全战略做出调整。情报工作要分析时代特点，找准国际社会存在的基本矛盾，确定国家安全威胁的主要根源和主要领域；要客观研究力量对比和利益关系，定位本国的国际角色作用，确立战略对手和战略伙伴，寻求合作空间或对抗方式；要考察国际体系的运行规则和保障机制，找出其与国家安全和发展利益的契合和矛盾点，探索转移或减轻国际体系压力的方法路径，为国家战略决策提供基本的背景资料或初步的方案框架。

第二节　战略情报要保持对威胁与风险的灵敏反应，特别是对国家安全环境做出前瞻性评估

近年来，我国安全面临的威胁呈上升趋势，各种可以预料和

难以预料的风险挑战明显增多，而且内外因素交织联动使安全环境更趋复杂，这一状况将长期伴随中国崛起的步伐。虽然发生大规模外敌入侵的可能性不大，但外部因素引发局部战争和武装冲突的可能性不能低估，再加上非传统安全威胁的隐蔽性、偶发性、随机性带来的“瞬间威胁”，预警性情报显得极端重要。美国国防大学教授理查·罗素在《磨砺战略情报》一书中指出，“情报界要对未来的战略性突发情况保持高度警惕。……必须及时为决策层提供预警。”作为感知安全威胁的最前沿，战略情报必须高度敏感，快速反应，时刻关注国内外安全环境变化，据此进行预测性评估，及早发现威胁端倪，提供战略预警，以便预有准备、早做防范，降低决策与行动风险，有效应对或化解安全威胁。

感知威胁征候要以安全环境评估和战略情报积累为前提。情报系统要做好纵向和横向两方面的工作，既重点关注影响安全环境的事物或事件发展的轨迹，又同步研究同一类事物或事件的共同性质或规律，两者结合起来加深对安全形势和威胁征候的认知。有了战略情报“量”的积累，还必须有专业情报分析人员的素质、经验与直觉作为保证，其职业敏感性的基本要求是跟踪考察国内外安全环境的细微变化，抓住那些对威胁征候认知起决定性作用的关键情报，对其发展走向进行前瞻性评估。既不能先入为主地排除任何威胁的可能性，又不能对常态化的威胁因素熟视无睹，更不能忽略次要方向或一般目标的显著变化。在感知威胁征候的基础上，还要不间断搜集和评估新情况新问题，进一步弄清对手的意图和举动，并考虑各种假设和应对方案，为生成预警情报、发布战略预警做好充分准备。当前需要关注的一个问题是，除了国内、周边和海洋安全，中国的国家利益随着“一带一路”建设的推进正大规模地拓展到海外，如何加强海外情报系统建设，抓好对相关威胁或风险的感知、规避与反应，是摆在我们面前的突出课题。

第三节 战略情报要把握大国矛盾斗争的本质，为对外战略调整提供可行性建议或备选方案

战略情报能力是大国间保持战略平衡的重要方面，没有出色的情报工作，就没有参与国际竞争的基本资格。情报工作要以服务大国博弈为重心，全面搜集对象国政治、经济、军事、科技、文化诸方面的情报，集中力量进行系统深入研究，着重理解其战略传统和对外行为方式，认识彼此间错综复杂的利益关系，把握竞争合作、冲突协调的本质特征，并结合时代背景和国际环境，努力探求符合国际定位、契合战略利益的互动方式，为增大自身战略回旋空间、减少国际竞争的阻力提供合理化建议。

一是要分析评估大国利益关系，为减少战略误判、避免战略对冲加上一层保险。国家对外交往中的“知己知彼”，核心是要分析考量彼此间的政治、经济、安全利益及成本，必要时还要权衡绝对收益和相对收益之间的差值或比例，通过大量统计数据或分析模型，客观评估彼此的利益期望值。不能想当然地框定利益关系，不计成本后果，最好能找到利益契合点，增加战略韧性，减少战略盲动。二是要探求对象国处理国际事务的底线，为地区热点问题解决和大国关系转圜寻求契机。任何国家都试图知晓对手的底牌，这也是情报界的顶级追求。除了交锋或谈判中的试探，主要还是依靠情报侦知和研判，灵敏地感知当事方态度、立场和策略的变化，释放的特定信号或者做出的反常举动，据此形成情报结论，为政策调整、争取主动和巧妙周旋提供保证。探知对手的底牌，还有助于把握给对手留有台阶的尺度，避免局面失控，为后续关系发展做好铺垫。三是要增强战略情报的甄别能

力，逐步转变大国博弈中情报对抗的不利局面。反情报是情报对抗的重要方面，既要确保己方情报信息安全、挫败对手的情报活动，又要防止被对方的反情报手段或虚假情报所误导。

第四节　情报系统要有效统合多元安全情报，最大限度减少战略决策面临的不确定性

进入新世纪，情报工作已发展成陆、海、空、天、电、网等多维领域的综合体系，参与机构部门众多，动用的情报平台和手段各式各样，除了秘密渠道还有公开渠道，除了自身获取还有情报交换。而要为最高决策层提供重要的战略情报，还必须对其进行有效统合，实现优势互补、相互印证和充分挖掘，确保情报的系统性、完整性与准确性，尽最大可能减少决策面临的不确定因素。要改变单一的、线性的情报思维模式和工作方式，抓好“自上而下”和“自下而上”统合的问题。

一是加强任务与资源统筹。建立以任务为导向的工作模式，以长期性、阶段性或临时性任务规划、协同计划，统筹协调各级各类情报资源，特别是针对主要方向、优先目标和在重要时期、关键时刻，按照国家统一的战略意图，推进协调配合，形成整体合力，避免各行其是、虚耗空转。比如，针对某一地区的核导试验情况的监控与研判，要集中运用好陆、天、电和人力等资源，确保情报及时准确。要避免任务需求与资源投放“两张皮”的现象，通过常态化的战略统筹，集约投放资源，跟上形势变化和任务调整需要，提高情报工作的活力与弹性。二是加强情报整合与研判。当前，情报界面临的最大问题不是情报稀缺而是情报泛滥，不能再局限于简单的汇总，必须去伪存真、去粗取精、整合筛选、挖掘升华，形成高价值的战略情报。要开发基于网络的通

用平台和工具，突破地理空间限制，实现情报快速传递与共享，运用大数据、云计算等先进技术，提高情报分析融合的效益。综合运用多种研判方法，加强对各种零散的有价值信息的逻辑分析、综合整理和有效挖掘，尽可能克服主观认知偏见和干扰因素的不利影响，生产出预见性战略情报成果。例如，恐怖主义活动从策划到实施涉及电信、网络、银行等多种行业的数据，必须加强网络化专业化的分析、整合与研判，才能有效应对。

第五节　要将情报工作贯穿战略决策与实施全过程，不间断提供准确实时的情报保障

国家间发生对抗冲突，形势变化往往十分迅速，情报工作必须全时段全过程关注事态发展，与战略决策之间形成持续互动关系。二者之间的互动，不能停留在指导与被指导、咨询与被咨询这一浅显的表层，必须聚焦共同的战略目标实现高度的契合，尤其在防范或打击时间敏感性较强的目标、捕捉稍纵即逝的战机时，两者要最大限度地融合在一起，充分发挥“情报—决策—行动”无缝联接的战略优势。比如，面对来袭的弹道导弹、某国战略轰炸机侵入领空、突然爆发的海/空严重对峙，情报与决策的任何脱节瞬间决定生死，程序必须高度融合，反应必须异常迅速。情报工作要把黏合剂作用发挥到极致，既为科学决策提供强有力支撑，又使战略决策与实施高效快捷，它体现的是国家应对威胁、抵御风险的战略能力。

情报搜集、分析、处理与传递工作，不应刻板地划分为独立阶段，更不应孤悬于决策程序之外，必须贯穿于战略决策与实施的全过程，向决策者提供最需要的情报。这就要求拓宽情报人员与决策者的沟通渠道，跨越情报与决策之间的传统鸿沟。不要拘

泥于沟通的具体形式，关键是情报人员与决策者就情报信息、形势变化和行动结果不间断交换意见，情报人员据此获悉决策者最为关心的问题，了解哪些方面最为紧急、最需要得到情报支持，从而调整情报工作重心，做到有的放矢，减少盲目性，避免自说自话。这种行为应该是情报界定时定向定责的常态化任务，而不是临时之举、权宜之计。如果情报人员不了解决策者需求，不熟悉决策程序，不了解重大政策怎样出台，不知道如何围绕政策制定者的实用性、可操作性要求来进行情报保障，那么情报产品只可能是低水准的，即使再准确再完整，也无法被运用到决策中去。值得指出的是，情报融入决策是为了提高情报人员对决策过程的参与程度，使情报得到充分有效运用。它是以正确的方式影响决策，而不是以行政的方式干预决策，决策的本质和决策者的权威并不因此受到影响。

第七章

国家安全战略情报体系及能力建设面临的问题与挑战

随着信息化和全球化进程的发展，传统的形成于工业时代的战略情报体系暴露出越来越多的弊端，越来越难以满足当前战略行为体的情报需求，战略情报体系转型成为无法回避的时代课题。对于战略行为体而言，推动战略情报体系转型必须深入理解时代变迁对战略情报生产造成的影响，全面把握传统战略情报体系暴露的弊端和面临的挑战，唯有如此才能真正找出战略情报转型的方法和途径。

第一节　当前战略情报体系及能力建设存在的突出问题

当前，中国战略情报体系及能力建设存在不少问题或短板，具体体现在体制、机制、人才、技术等多个方面。

一、全域多维覆盖的情报侦察与监视网络尚未成型

不管是物理域、信息域还是认知域，建立健全情报网络任重而道远。一是缺少立体的覆盖亚太乃至全球的战略侦察监视平

台。战略侦察与监视能力是大国的专利。与俄罗斯建立“全球海上追踪系统”、美日联合建立“全球海洋监测信息系统”相比，中国还有不少差距。要以建立“百年工程”的决心，建立由水下声呐、机载监视设备和海洋监视卫星等组成的立体监视网络，即使不能覆盖全球，至少也要囊括西太战略通道和重要水域，建立对敌战略打击兵器全时域、全方位的跟踪、监视和预警，满足最起码的安全需求，弥补单方面受窥探监视的劣势。二是网络及公开来源情报的搜集分析面临不少技术挑战。中国网络情报能力与发达国家存在较大落差，核心技术严重依赖国外，监控、渗透、获取手段比较有限，情报信息安全存在很多隐患，有效防范、检测、抵御网络威胁的能力不足。而来自网络、媒体等公开来源的不同类型、不同格式的海量情报信息，给大数据分析与挖掘技术带来了极大挑战，在这一点上我们并不占优势。三是对意识形态和社会舆情的监控需进一步加强。这一领域比较隐蔽，常被我们所忽视，而宗教极端主义、民族分裂主义引发的安全问题又与此紧密相关，特别是它们又与境外反动势力勾连在一起，异常复杂且不易察觉，这就对情报工作提出了非常高的要求。西藏“3·14”、新疆“7·5”、香港“占中”事件的教训应当引起警醒。没有长期的历史研究、跟踪考察，加上敏锐的预见性和判断力，是不可能做好情报预警工作的。在这一方面必须投入必要的人力、物力、财力等资源。

二、各领域各条线的情报工作没有得到有效整合

长期以来，军地各类情报机构林立，没有整合起来，形成全国性的甚至世界范围内的、密切协作的情报系统。资源分散、各自为战，有的职能交叉重叠，彼此协调较为困难等问题比较突出。一方面，缺少长效联动机制，将分散的情报力量和资源统筹

起来。军地情报机构互不隶属，有着各自职责和工作重点，以往基本上并行不悖，然而面对非传统安全威胁特别是日益严峻的反恐形势，明显感觉到力有不逮，单靠国内跨领域的机构协调是不够的，还要涉及国内外多条线的协调。如何以任务统筹和实时交互机制，将这些力量资源整合起来发挥合力是一大难题。另一方面，缺少统一网络平台，将各类情报搜集和分析成果融合起来。各类机构形成了分割独立的“情报烟囱”模式，彼此互联互通存在很多障碍，没有太多的情报流出或流入其他“烟囱”，横向交流与共享缺失的局面几十年未变。除了体制机制的束缚，还在于缺少统一的网络平台。没有网络支撑，就无法实现各类情报的交互融合，也不可能做到对情报的综合分析和评估，将极大影响战略情报生成提取的质量。需要指出的是，互联互通只是网络化最基本的要求，在系统运行稳定、共享权限设置、实时安全防护等方面，依然还有很长的路要走。

三、情报部门的本位主义妨碍了情报共享与传递

情报部门应当是充满活力的、具有强烈危机意识的“战斗单位”，而不是循规蹈矩、刻板僵化的官僚机构。然而，有些部门狭隘的本位主义作祟，“小团体”和“官本位”观念很重，等级制和功利性色彩很浓。具体表现：一是部门利益至上。有的单位固守狭隘的部门利益，把获取的情报视作单位自身成绩，难以从情报工作全局出发，自觉与其他机构共享情报。在他们看来，对平行单位“保密”是本单位生存和发展的需要，是向上级显示自身工作独立性特殊性的保证。这一观念造成情报部门之间共享交流不够，既无法相互进行情报比对，又影响了对基础情报的合作挖掘与加工，使情报的可信度和完整性大打折扣。二是行政干扰过多。情报人员把大量的时间耗在逐级呈阅报告上，众多的审阅

层级很少能为情报增加实质性东西，有时反而会影响情报工作效率，使情报人员士气受挫。一些重要情报能否送达最高层、进入决策，往往取决于某一层领导的眼光、意愿和个人偏好，而有些领导有权决定“谁需要知道”情报。情报人员辛勤努力的结果很有可能在未走完全部传阅程序的情况下即被束之高阁。一些需要知晓关键情报的重要战略决策或咨询人员却并不总是能及时看到最新情报。

四、战略情报与决策机制之间的互动关系有待加强

情报与决策之间的脱节主要体现在两个方面：一是情报在决策程序中的地位有待提升。在战略决策程序中，情报搜集与处理一般被当作目标确定之后的一个关键阶段。这一区分的缺陷在于造成了情报与决策的分离，主要是情报系统在战略目标确定上建议权的丧失。没有及时的情报支持和高级情报人员参与，在确定目标阶段就增大了决策的风险系数。情报是要贯穿决策全程的，这一点也很少得到足够的重视，有时候情报工作既缺少政策指导，又缺少必要的反馈，甚至有的决策是对情报人员全程保密的，情报工作及时跟进都很难，更不用说融入决策了。二是情报人员对自身工作的定位有待提升。作为决策体制的一部分，情报系统应尝试从“从属”迈进到“牵引”地位，帮助高层决策者看得更深、想得更远并提出各种可行性建议，甚至还可就某一敏感政策进行战略评估。然而，很多人只是把情报定位为提供信息的数据库，根本没想过以自身出色的工作影响决策。情报工作地位的提升，要靠主动服务、高效服务于决策，而不是部门行政级别的提升。如果情报产品层次不够高，或者不是决策者想看到的，就不可能获得充分信任，游离于决策之外实属必然。另外，决策者也要增强情报意识，熟悉情报流程，以利于与情报系统之间的

双向互动。

五、情报人员素质制约了战略情报的提取和深入解读

情报人员专业化素质欠缺是战略情报工作面临的最突出问题。一是从大战略高度审视情报工作的眼光不够。这直接影响了情报工作的层次水平。除了情报分析人员缺乏战略意识，对国家安全战略内涵理解的深度不够、对大国博弈需求认识的灵敏度不高外，现有的工作模式也制约了情报工作的思想性和战略性。我们往往更多关注情报工作流程，陷入繁忙的事务性工作当中，却忽视或挖掘不出有战略价值的情报。二是应对复杂战略环境的情报分析经验不足。最大的问题是分析粗糙浅显，抓不住问题的关键，提不出有操作性的建议。这一点与情报人员缺乏专业化训练和平时工作积累不够都有关系。情报人员的职业追求固然重要，但最为关键的在于情报分析的标准规范和激励机制能否建立和有效运转。没有专业化的情报分析作为保障，面对复杂战略环境，只能疲于应付，难以把握主动。三是战略情报评估开拓性创造性能力不强。战略情报评估是长期性周期性的战略工程，必须保有创新活力，不能满足于拼接缝补，必须再加工再生产再创造。太多的情报评估报告，只有情况罗列和简单分析，缺少有深度的推理、挖掘和预测，看似有用却都没有用，没有发挥出战略咨询的功能作用。再者，国家层面的情报评估涉及多学科多领域多部门，确实缺少专家型、学者型博学专精人才的密切协作。

第二节　当前战略情报体系及能力建设面临的主要挑战

传统战略情报体系是指近代民族国家成为世界舞台上的最主要战略行为体之后，吸收借鉴工业文明成果，以分工与合作精神为核心建立的门类化组织结构和程序化生产方式的结合体。相对于古典战略情报体系，传统战略情报体系呈现出常态化、专业化和程序化特点，大幅提升了战略情报的生产效率。然而，随着人类社会的演进，尤其是全球化和信息化的发展，传统战略情报体系转型成了时代变迁提出的必然要求。

一、信息化进程挑战传统情报生产方式

情报是一种信息产品。情报以信息为原始生产资料，并以信息的形式存储和传递。现代社会，情报生产面临的挑战首先来自信息化进程带来的冲击。信息技术革命使得情报生产面临的环境发生根本性变化，具体表现在以下两个方面：

（一）信息爆炸对传统情报生产能力构成挑战

信息爆炸是信息技术革命带来的副产品，是信息数量以指数级方式增长的结果。自人类开展情报活动以来，信息稀缺一直是情报生产面临的最大问题。信息爆炸完全改变了这一情况，它一举把情报生产者从信息荒漠上扔进了信息海洋。长期以来，在信息稀缺环境中形成的传统情报系统，将核心职能主要定位于“找到”和“发现”。然而，信息爆炸却使传统情报系统赫然发现，相对于“找到”和“发现”，学会“辨别”和“提取”变得越来越重要。信息时代，越来越多的情报失误案例表明，诞生于信息

稀缺环境的传统情报系统无法应对信息爆炸带来的信息超载。一直以来，把获取信息视作情报生产关键的传统情报系统，在信息时代显得越来越有心无力。

（二）信息透明对传统情报隐蔽文化构成挑战

隐蔽是传统情报系统最广为人知的特点。传统情报系统的隐蔽属性主要表现在两个方面：一是通过秘密活动获取专有信息；二是通过保密工作控制专有信息。通过垄断性掌控特定信息资源及其传递途径和传播范围，传统情报系统得以建立和维护信息优势。然而，信息技术革命带来的信息透明正在猛烈冲击传统情报工作的神秘色彩。一方面，信息开源传播使得传统情报系统通过秘密活动获取或控制特定信息资源的方法受到挑战，通过开源渠道获取信息变得越来越重要。[①] 另一方面，信息感知技术的发展使得垄断性掌握特定信息资源的难度大幅提升。2006 年 8 月，英国官方地图制作机构地形测量局（Ordnance Survey）宣布废止已经执行了 80 年的地图造假计划。因为高分辨率图像卫星已经实现商业运营，类似的欺骗行为已经无法达成信息保密的目的。

二、网络化协作挑战情报体系运作方式

信息时代，伴随着信息技术的发展及其在社会领域的运用，建立在互联与融合基础上的网络化协作成为新的文明内核。传统情报体系以门类化情报组织结构和程序化情报生产周期为代表的运作方式受到严峻挑战。

---

① 据统计，开源情报能够满足政府情报需求的 80% 以上。参见 Robert David Steele. Foreign Liaison and Intelligence Reform：Still in Denial [J]. *International Journal of Intelligence and CounterIntelligence*, Vol. 20, No. 1, 2007：167.

（一）信息互联对程序化情报生产周期构成挑战

借鉴工业制造分工协作的流水线生产理念，传统情报系统逐步建立了以需求/反馈、搜集、分析和分发/使用为核心环节，首尾相连的程序化情报生产周期。它代表着情报系统资源构成的调用方式。相较于农业时代的情报生产，程序化情报生产周期实现了情报产品的大规模批量生产，极大地提升了情报生产的效率。然而，随着通信技术的发展，在实时性、大规模信息互联成为社会生活的交互常态后，程序化情报生产周期反而成了制约情报生产效率提升和阻碍情报资源效能发挥的巨大顽疾。当社会生活中的每一个成员都能够通过移动互联网随时随地搜集各种信息满足个人情报需求时，传统情报系统的按部就班尤其显得与时代精神格格不入。

（二）知识融合对门类化情报组织结构提出挑战

情报系统组织结构反映了情报系统资源构成的组合形式。作为知识产品生产者，为提高生产效率，情报系统必然会采用与知识分布结构相匹配的组织形式。工业时代，知识节点分门别类、团簇云集的分布结构决定了效率优先的情报系统必然采取门类化组织结构。通过知识领域划分部门分类，情报系统得以高效处理各类知识素材。然而，门类化组织结构有其固有的天然弊端——组织机构部门林立，利益壁垒层出不穷。其结果是，系统资源浪费严重，信息流通阻力巨大。受到部门利益的影响，情报系统的客观性也可能在情报生产过程中受到影响。例如，由于威胁与预算之间显而易见的密切关联，仅就军队情报系统内部而言，海军情报部门更倾向于强调海洋方面面临的威胁，而空军则更易于重视战略对手空中力量构成的威胁。信息时代，随着知识节点朝着相互渗透、彼此融合的网状分布结构的转变，门类化情报组织结构开始失去工业时代引以为傲的生产效率，其固有弊端显得愈加不合情理。

三、多样化任务挑战情报体系管理模式

战略情报体系管理模式是指战略行为体（情报用户）在长期的情报管理实践中所形成的表现出一定重复特点的方法。主要包括两个方面：一是情报需求模式；二是情报服务模式。信息时代，情报系统面临的多样化任务对传统战略情报体系管理模式提出挑战。

（一）威胁多元对传统情报需求模式提出挑战

工业时代，情报机构设置常态化之后，情报系统摆脱了“战时成立平时撤消”的临时性、应急性命运。然而，安全威胁相对简单的环境决定了战略行为体的情报需求会随着传统威胁的增减而呈现出周期性波动。直至冷战后期乃至“9·11”事件爆发，这一需求模式仍然延续着其惯有的作用。冷战期间，美国的安全威胁主要来自苏东阵营，因此其情报系统的主要资源都用来应对来自苏联的安全挑战。据信，1980 年美国国家安全局（NSA）60% 的精力用于搜集苏联及其东欧盟国的情报。直到 1989 年，国家安全局仍有一半资源用于监控苏东地区。[1] 苏东剧变后，随着传统安全威胁的消失，美国情报需求骤降。1991 年至 1996 年，美国国家安全局有 1/3 的工作人员流失，财政预算下降了 35%，从 52 亿美元下降至不到 35 亿美元。[2] 然而，信息时代的国家安全环境逐渐碎片化、模糊化和去中心化；安全威胁日益多元，并且

---

① Matthew M. Aid. *Secrets of Signals Intelligence during the Cold War and Beyond* [M]. London: FRANK CASS Publishers, 2001: 29.

② Matthew M. Aid. The Time of Troubles: The U. S. National Security Agency in the Twenty-First Century [J]. *Intelligence and National Security*, Vol. 15, No. 3, 2000: 6.

变得越来越难以捉摸。因此，传统安全威胁减弱并不必然意味着安全环境的改善、情报需求的降低，还可能意味着安全威胁更加难以确定，情报需求剧增。美国通过“9·11”事件的惨痛教训切身体会到了上述论断。[①]“9·11”事件后，美国国家安全局的财政预算逐年递增，2005 年已增至约 50 亿美元。

（二）职能泛化对传统情报服务模式提出挑战

工业时代，对应于相对单一的安全威胁，情报生产呈现出日益明显的专业化发展趋势，战略情报成为专职情报机构的垄断职能，情报与决策和行动的相互分离成为常态。信息时代，传统情报体系专职垄断和产用分离的服务模式受到巨大挑战。一方面，国家安全面临的多元威胁使得情报体系必须承担越来越宽泛的专业职能，传统专职情报系统的垄断性情报生产难以满足职能泛化的任务要求。例如，在 1997 年至 1998 年爆发的东亚金融危机中，没有一家传统意义上的专职情报机构有能力在危机发生前做出危机预警。[②]另一方面，专业职能泛化使得脱离情报生产的用户难以及时获取或真正把握情报产品的价值，情报系统难以及时准确地获知用户的情报需求。其结果是，产用分离的情报服务模式成为导致情报失误产生的最主要原因之一。受到传统产用分离服务模式的制约，处于被动地位的情报系统不得不承担情报失误的主要责任。因此，就不难理解情报官员缘何会以哀怨的口吻一语道

① “9·11”事件发生后，当美国人质疑情报界的工作时，他们才记起 1992 年 12 月詹姆斯·伍尔西（R. James Woolsey）在确认其提名中情局局长的听证会上的发言：“我们用大约 45 年的时间杀死了一只巨龙，然后却发现我们身处满是毒蛇的丛林之中——而毒蛇更难追踪。”参见 Douglas Jehl. CIA Nominee Wary of Budget Cuts［N］. *New York Times*, Feb 3, 1993。

② 在东亚金融危机爆发前，几乎无人相信该地区会突然遭受重大金融打击。相关分析参见戴维·黑尔．突然的经济打击：东亚危机个案［C］.// 弗朗西斯·福山．意外：如何预测全球政治中的突发事件与未知因素．辛平译．北京：中国社会科学出版社，2014：57－71.

破这种模式的本质："世界上只有政策的成功和情报的失误，而没有情报的成功和政策的失败。"①

四、全球化趋势挑战传统情报博弈方式

全球化趋势是信息时代国际社会发展演变的基本走向。在全球化趋势中，国家之间的联系日益紧密，相互依赖作用逐渐加强，大国之间以战争为主要形式的传统博弈受到限制，情报博弈的地位日益凸显，传统情报博弈方式受到挑战。

（一）跨境威胁拓展战略情报博弈模式

在相互依赖程度不断加深、范围不断拓展的过程中，情报也许是战略行为体最不意愿放弃"独立自主"的一块领地。这也就解释了为何只有在满足利益相符、理念相同等极为苛刻的条件时，战略行为体才会在传统战略情报博弈过程中建立合作模式，而更多情况是战略行为体仅针对某一具体威胁开展临时性情报协调。然而，在信息化和全球化浪潮的冲击下，核生化武器扩散、生态环境破坏、恐怖主义袭击和大规模有组织犯罪等超越国境的持续性安全威胁越来越严重。以跨国犯罪为例。据统计，20 世纪 50 年代，跨国犯罪带来的收入约占发达国家 GDP 的 4% ~5%；21 世纪初，这一比例已经上升至 9% ~11%。② 在此情况下，没有哪个国家能够完全"独立自主"地满足自身的所有战略情报需求，也没有哪个国家会因此而超越利益分歧和理念差异与它国建立完全情报合作，一种常态化的情报协调机制成为必然选择。

---

① 马克·洛文塔尔．情报：从秘密到政策［M］．杜效坤译．北京：金城出版社，2014：267.

② Alfred Rolington. *Strategic Intelligence for 21st Century: The Mosaic Method* [M] . Oxford: Oxford University Press, 2013: 74.

（二）相互依赖丰富战略情报博弈手段

全球化趋势是相互依赖规模最大化的过程,[①] 相互依赖是全球化趋势的内在动力。在全球化趋势中，战略行为体的活动变得越来越依赖外部世界。作为“世界工厂”，中国拥有39个工业大类、191个中类、525个小类，是全世界唯一一个拥有联合国产业分类列表中全部工业门类的国家。然而，即便如此，中国政府部门和重要行业中仍有83%的服务器、73.9%的存储设备、95.6%的操作系统和91.7%的数据库都在使用外国产品；在涉及国家安全的关键信息基础设施建设中，频频出现美国“八大金刚”（思科、IBM、谷歌、微软、高通、英特尔、苹果、甲骨文）的影子。[②] 单从逻辑上来推断，一国对外部依赖越多，就越可能遭受他国更多制约，进而面临的安全风险也就越大。战略情报博弈的事实也确实如此。2013年爆发的“棱镜门”事件显示，包括微软、雅虎、谷歌和苹果在内的9家国际互联网公司都参与了美国的监听计划。在战略情报博弈过程中，战略行为体将借助一切能够利用的手段谋求有利地位，而相互依赖则在客观上为博弈方提供了更加丰富的博弈手段。

相对于工业时代，信息时代的政治、经济、军事、社会和科技等领域出现许多剧烈变化，战略行为体赖以生存的安全环境出现许多新情况，传统战略情报系统暴露出许多弊端，面临诸多挑战。为消除弊端、迎接挑战，传统战略情报体系需要进行全面转型。

---

① 罗伯特·基欧汉，约瑟夫·奈．权力与相互依赖（第四版）［M］．门洪华译．北京：北京大学出版社，2012：译者前言，7.

② 洪鼎芝．信息时代：正在变革的世界［M］．北京：世界知识出版社，2015：195～196.

第八章

加强国家安全战略情报体系及能力建设的思考

加强国家安全战略情报体系及能力建设是一项长期的系统的战略工程，应聚焦自身存在的问题，瞄准与发达国家的差距，更新理念，创新思路，改进措施，全面而有重点地加强建设、提升能力。当前，要着力推进战略情报体系转型，努力将其打造成为具有国家核心竞争力的战略产业。

第一节　理念牵引：推进战略情报体系转型

转型是对既有挑战的应对和对未来趋势的准备。20 世纪 70 年代以来，尤其是 90 年代之后，技术、分享、公开、融合和相互依赖等特点成为信息时代的标签。战略情报体系转型就是要在传统人力、专享、保密、分工和独立自主的基础上，破除观念束缚，汲取新的时代精神，妥善处理传统与革新的关系，统筹兼顾稳步推进战略情报体系转型。

一、以手段建设为基础提升战略情报能力

战略情报体系转型的关键是提升战略情报能力，即战略情报

感知能力、战略情报处理能力和战略情报分析能力。能力提升来源于手段建设。信息时代，提高战略情报能力应着重从三个方面加强手段建设。

（一）人技结合建设战略情报感知手段

感知手段是感知能力的基础，也是整个战略情报生产的基础。然而，感知手段建设从立项到形成感知能力往往需要较长周期。不论是物质世界感知手段，还是精神世界感知手段，亦或知识世界感知手段，都需要巨大的资金和漫长的时间投入。不同的情报感知手段具有不同的特点，适用于不同的目标、情境和威胁。在安全威胁日益多元的战略环境中，建设战略情报感知手段必须立足长远，综合考虑可能面临的各种风险和挑战，按需建设战略情报感知手段。2008 年 5 月 12 日，中国四川省汶川县发生里氏 8.0 级地震。救援初期，由于缺乏合成孔径雷达侦察卫星来执行情报侦察任务，温家宝总理只能使用行政区划图指挥救援工作。五年之后的 2013 年 4 月 20 日，四川省芦山县发生里氏 7.0 级地震（即雅安地震），救援初期李克强总理仍然在使用行政区划图指挥协调救灾工作。由此不难看出，战略感知手段建设从提出需求到最终形成感知能力绝非一日之功。

受到感知技术飞速发展的影响，在情报感知手段建设方面重技术而轻人力的倾向正在成为一种可能产生严重后果的偏见。推动战略情报体系转型需要全面、准确评价各种情报感知手段的优点和不足。以人力情报感知手段为例。人力情报感知手段存在诸多缺点，例如较难以远程方式实现感知，易于受到欺骗，聚焦范围较小以及见效慢等等。[①] 然而，人力情报感知手段拥有一个当前任何技术手段都无法企及的优点——能够了解目标对象包括意

① 仅就谍报人员的培养而言，人力情报员平均需要 7 年时间才能成为行家里手。

图在内的精神世界。在探查恐怖活动、贩毒或跨国犯罪等目标时，技术手段难以施展，人力情报感知手段就可能成为唯一可用的情报资源。① 美国"9·11"事件调查委员会调查结论认为，"9·11"事件中美国情报失误产生的一大原因是，冷战结束以来美国情报界过于依赖远距离技术情报侦察手段，近而忽视了人力情报感知能力的建设和储备。②

（二）倚重技术打造战略情报处理平台

信息时代，制约战略情报生产能力提升的关键并非缺乏数据，而是缺少从海量数据中发现、识别有价值的信息的能力。信息爆炸带来的信息超载是当前提升战略情报生产能力的瓶颈。解决这一瓶颈的关键在于技术。在信息转换、信息过滤等方面，技术拥有人类大脑无法比拟的优势。例如，"脸书"（Facebook）通过运用人工智能技术，能让电脑在"看过"一个人的照片之后迅速从互联网上约30亿人的照片中识别出此人。信息时代，战略情报生产需要处理和分析的数据具有鲜明的复杂性、多维性、碎片化和非结构性等大数据特征。提升战略情报处理能力的关键不是扩大情报处理队伍，而是倚重信息处理技术，通过引进和运用非结构化文体观点提取技术、语音识别技术、图像识别技术以及机器学习和人工智能等数据分析和数据挖掘技术，打造战略情报处理平台，提高从海量数据中找到信息之间有效关联和发现知识的效率。据信，美国国防高级研究计划局（DARPA）正致力于研究数据挖掘技术，以从纷繁复杂的大数据中发掘有价值的信息。例如，通过发掘数据之间的关联，绘制特定群体的行为模式；通过

---

① 马克·洛文塔尔．情报：从秘密到政策［M］．杜效坤，译．北京：金城出版社，2014：139.

② Patrick Radden Keefe. The Challenge of Global Intelligence Listening［C］.// Loch K. Johnson. *Strategic Intelligence*, Vol. 2, 2007: 32.

设计特殊算法，迅速发现与威胁相关的反常行为；通过软件创新，自动识别和处理图像与视频资料。[①] 为加快技术的研发和运用，2006 年美国情报界模仿军方做法，成立了一家与国防高级研究计划局（DARPA）相类似的单位，叫作情报高级研究计划局（IARPA）。

（三）"以人为本"拓展战略情报分析力量

情报分析是信息由生产资料转变为情报产品的关键环节。与情报处理不同，情报分析的核心是对信息素材所包含的价值进行发掘、判断和评估。人是一切价值的尺度。人是社会构成的基本单元，是一切社会行为的起点和指归，是战略情报的生产者和使用者，也是国家安全战略的决策者和执行者。情报分析必然也必需"以人为本"。"以人为本"拓展战略情报分析能力包含两重含意：一是拓宽战略情报分析人员的专业广度，横向拓展战略情报分析队伍的分析领域；二是提高战略情报分析人员的专业程度，纵向提高战略情报分析队伍的分析水平。前者以扩充战略情报分析队伍的数量规模为主要方法，后者着重以提升战略情报分析队伍的专业素养为主要途径。

扩充情报分析队伍的规模重在把好招募关，而提升情报分析队伍的素养关键在于提升分析人员对情报分析方法、程序和技术的掌控程度。科学的方法、严谨的程序和先进的技术能够帮助情报分析人员形成清晰、透明、易于验证并为情报用户所理解的价值评估，是情报分析人员提高战略情报分析素养不可或缺的重要手段。例如，在战略情报分析过程中，熟练掌握 SWOT 分析法，能够帮助情报分析人员从力量、弱点、优势和威胁等方面对战略对手进行综合评估；PEST 分析法及其变种 PESTELI、PESTELO、

---

① 关于美国国防高级研究计划局的活动情况可参考该部门 2015 年公开发布的《国家安全领域的突破性技术》（*Breakthrough Technologies for National Security*）。

STEEP 和 STEEPLED 等分析方法[①]能够辅助情报分析人员从政治、经济、社会、技术、组织、伦理（道德）、法律、人口等诸方面对战略环境进行评估；网络分析法能够帮助情报分析人员厘清两个或两个以上个人、组织、事件等因素之间的关系，通过社交、商业和财务等往来，评估各类关系的性质、影响和价值等。2003 年 12 月，美国情报分析人员正是通过采取家族谱系网络分析法找到了萨达姆·侯赛因的藏身之处。

战略情报手段建设依赖于战略情报资源投入。然而，与需求相比，资源永远处于稀缺状态。信息时代，在情报需求不断增加的情况下，整合战略情报资源、提高资源转化效能，成为战略情报体系转型必须关注的问题。

二、以效能提升为目标整合战略情报资源

战略情报资源是战略情报生产可以调动和使用的人力、物力、财力的总和。战略情报资源的基数和转化效率决定了战略情报能力拓展的边界。推动战略情报体系转型，必须以提高情报资源效能为目标，尽力扩大情报资源基数，提升情报资源转化效率。

① PEST 分析法的 PEST 是政治（Politics）、经济（Economy）、社会（Social）和技术（Technology）的首字母缩写；PESTELI 分析法是在 PEST 分析法的基础上额外增加了环境（Environment）、法律（Legal）和工业（Industry）等因素；PESTELO 分析法以组织（Organization）因素取代了 PESTELI 分析法中的工业因素；STEEP 分析法的 STEEP 是社会（Social）、技术（Technology）、经济（Economy）、伦理（Ethic）和政治（Politics）的首字母缩写；STEEPLED 分析法则是在 STEEP 分析法的基础上增加了法律（Legal）、环境（Environment）和人口（Demography）因素。关于情报分析的方法、程序和技术可参考 Hank Prunckun. *Handbook of Scientific Methods of Inquiry for Intelligence Analysis* [M]. Plymouth: Scarecrow Press, Inc., 2010.

（一）打破观念束缚，拓展情报资源范畴

信息时代，多元化威胁来源和多样化任务需求对传统战略情报体系提出巨大挑战，以常设性、专业性情报机构为战略情报资源核心的观念已经成为提升战略情报生产能力的严重束缚。统筹战略情报资源管理的首要任务是打破传统观念的束缚，消除有关战略情报资源的认知局限，将一切有助于提升战略情报生产的资源全部纳入战略情报资源统筹管理的范畴。信息时代，战略情报资源不仅特指传统意义上的官方专职情报机构，还应包括商业和民间的社会情报资源；不仅包括具有垄断性质的秘密情报资源，还应当包含可以合法获取的开源情报资源。社会情报资源主要包括以新闻媒体、社交网络和调查机构等为代表的信息采集和传播组织及个人，以咨询机构、学术团体和科研院所等为代表的思想智库，和以图书馆、档案馆、公共信息服务中心等为代表的信息存储机构。与传统情报资源相比较，社会情报资源大多能够通过合法途径获得，在很大程度上与开源情报资源相重叠。

社会情报资源和开源情报资源并非新生事物，早在专职情报机构产生之前的农业时代就广泛存在，并被用于战略情报生产。然而，经历过工业时代的官方专职情报机构的垄断性生产后，它们的价值在信息时代被重新挖掘出来，并逐渐成为一种不可或缺的战略情报资源。例如，日本国家级情报机构内阁情报调查室（CIRO）就经常借助“委托调查”，通过新闻机构、综合商社等民间组织收集情报。据信，委托研究经费占内阁情报调查室全年预算的70%—90%。[①] 此外，美国也十分重视社会情报资源的作用。美国情报界撰写的《总统每日简报》有很大一部分由承包商的聘用人员完成；2010 年，中情局有 1/3 的工作岗位是外聘人

① 朱建新、王晓东．各国国家安全机构比较研究［M］．北京：时事出版社，2009：206.

员。据美国《国家》杂志记者希尔豪斯（R. J. Hillhouse）披露，“国防情报局工作人员2007年5月透露，该机构工作人员中有51%由情报承包商充当雇员。”[①] 另据《彭博商业周刊》报道，分析认为2013年美国情报预算约有70%外包给了商业公司；美国国家情报总监（ODNI）办公室也透露，美国情报界约有1/5的情报人员供职于私营机构。[②] 当然，上述数据只是表明社会情报资源已经成为战略情报资源不可或缺的组成部分，并不意味着其在战略情报生产中占据的地位高于传统的官方专职情报机构。各类情报资源的地位和作用最终取决于战略行为体对情报需求和情报资源特点的综合考量。

（二）优化资源配置，提升资源转化效率

情报资源拓展为情报能力提升奠定了基础，但情报资源拓展并不必然带来情报能力提升。情报能力提升还有赖于情报资源的转化效率。资源转化效率与资源组织结构密切相关。信息时代，门类化情报组织结构对资源转化效率的提升作用已经疲态尽显，随其伴生的利益壁垒逐渐成为阻碍情报资源转化效率的瓶颈。美国有关“9·11”事件的调查显示，情报机构之间条块分割的状况致使各机构欠缺合作，甚至恶性竞争，是造成情报失误的重要原因。推动战略情报体系转型，必须改变以传统门类化情报组织为基础的资源配置结构，打破条块分割和利益壁垒，提升情报资源转化效率。为此，必须加强战略行为体对情报资源的统筹协调能力，弱化门类化组织结构的本位意识。具体而言，应从两个方

① R. J. Hillhouse. *Outsourcing Intelligence: How Bush Gets His National Intelligence from Private Companies* ［Z/OL］（2007－07－31）［2015－09－12］. Available at http://www.alternet.org/story/57979/.

② Drake Bennett，Michael Riley. How a Consulting Firm Turned Itself into the World's Most Profitable Spy Organization ［J］. *Bloomberg Businessweek*，No. 4335，June 24－June 30，2013：76.

面着手：

一方面，设立国家级战略情报管理机构，统筹协调情报界所有可资利用的情报资源。不同于门类化情报机构，国家级战略情报管理机构能够跳出利益壁垒的藩篱，从服务于国家安全战略的高度，综合衡量各类情报资源的优势和缺点，并根据战略情报需求，统筹协调各类战略情报资源的分配和使用。“9·11”事件后，美国大力推进战略情报体系转型。2004 年 12 月国会通过《情报改革和防止恐怖主义法》后，美国正式以国家情报总监取代中央情报主任，并赋予其在预算、人事等方面的部分权力，以改善此前中央情报主任对情报资源协调不力的状况。[①] 为加强国防情报资源的整合，美国于 2003 年设立专门负责情报事务的副国防部长，统管所有军事情报机构，并负责国防情报资源与其他情报资源的协调工作。

另一方面，根据任务需要组建跨部门情报中心，弱化门类化情报机构的本位意识。与传统门类化情报机构的设置初衷不同，跨部门情报中心的设立旨在满足特定情报需求、完成特定情报任务，因而具有较强的针对性。此外，由于不受传统门类化情报机构的束缚，跨部门情报中心能够围绕专项任务充分利用情报界各类信息资源，向用户提供更加权威的全源分析情报产品。为打破官僚和利益壁垒，消除门类化情报机构之间的合作障碍，提高全源分析水平，美国情报界倡导通过设立跨部门情报中心弱化门类化情报机构的本位意识，提高战略情报资源的利用效率。例如，在国家情报总监办公室内部，针对形势严峻的恐怖主义威胁，成立跨部门的国家反恐中心；针对大规模杀伤性武器扩散威胁，成立国家反扩散中心。在国防情报系统内部，为整合情报资源，实现国防情报转型，2006 年 4 月美国防部长宣布设立 11 个联合情

① 美国国防部仍然掌握着 80% 的情报预算和 16 家情报机构中的 7 家。

报行动中心。

情报资源是一切情报活动生发的种子。拓展情报资源，优化资源配置解决了种子数量和播种布局等基本问题。然而，种子能否生根发芽、茁壮成长、开花结果，最终还取决于外部环境是否包含阳光、空气、土壤和水等基本生存条件。

三、以价值导向为根本重塑战略情报环境

环境是指制约和影响特定事物发展变化的各种要素的总和，一般可分为内部环境和外部环境。事物并不总是被动接受环境的影响和制约，还可通过改变自身与环境诸要素的关系重塑环境。推动战略情报体系转型，应以价值导向为根本，通过改变情报生产与信息资源、情报用户和社会环境之间的关系，重塑战略情报环境。

（一）围绕信息资源价值发掘，促进信息在情报人员之间充分流动

信息资源是战略情报生产的最重要、最基本的生产资料。作为一种分有型资源，同一信息常常蕴含多重内涵，会在拥有不同知识背景、怀有不同行为动机或身处不同理解情境的人或组织中，表现出不同的价值。例如，就日本情报系统而言，获悉“朝鲜将于 X 日进行核试验”这一信息必将在军事情报机构、外交情报机构和经济情报机构之间产生不同的价值解读。另外，由于情报价值多以碎片化的形式散见于庞杂的信息资源之中，对信息的价值发掘需要在大量相关信息之中建立关联。2010 年 1 月 5 日，美国总统奥巴马在谈及 2009 年圣诞节针对美国航班的恐怖威胁时指出，美国情报机构掌握了足够多的信息来预防针对美国西北航空公司 253 次航班的恐怖袭击，但由于未能将各个信息节点连接

起来而未能成功作出预警。因此，为充分发掘信息资源中蕴含的情报价值，需要促进信息在情报人员（机构）之间充分流动。为此需从两个方面着手：

一是从技术层面解决信息资源互联互通问题。战略情报生产依赖的信息资源涉及领域广泛、数量规模宏大、数据形式多样。在技术层面实现信息资源互通互联不仅涉及物理层面的传输介质问题，关键还在于实现各类信息资源从形式到内容的标准化融合，使其就技术而言不仅能够在战略情报体系内部各领域、部门和人员之间自由流动，而且能够在战略情报生产链条各环节之间自由流动。二是从文化层面解决信息资源共享共用问题。技术层面的问题可以通过软硬件设备更新换代实现，而文化层面的问题则只能通过思想观念升级改造来完成。传统情报系统秉持保密文化，基于“需要知道”给予“授权”，严重制约了信息资源的充分流动，阻碍了情报人员对信息资源的价值发掘。解决信息资源共享共用问题必须从文化层面着手，改造传统保密文化，代之以基于“价值发掘”实现“共享”。只有同时从技术上和文化上解决信息资源的互联互通、共享共用问题，共享的目的是使所有情报生产者都能够按照任务需求从信息资源库中获取具有情报价值发掘潜力的信息资源。

（二）围绕情报产品价值发挥，密切情报生产与情报用户之间的关系

自情报生产与情报用户分离伊始，二者之间就在事实上维持着一种微妙的平衡。当情报产品符合情报用户的预期时，情报生产与情报用户处于一种“良性友好关系”；当情报产品与情报用户预期相悖时，情况则会相对复杂。倘若情报生产者放弃客观立场，通过有倾向性地提供情报产品满足情报用户的需求，就会使情报沦为情报用户作出决策或采取行动的脚注。例如，美国总统

约翰逊当政时期，由于决策层希望得到有关越南战争的积极评估，情报系统担心破坏其与白宫之间的关系，1965 年后中情局从西贡发出的评估开始越来越乐观。倘若情报生产者能够说服情报用户改变观点，情报生产将真正展示其战略决策辅助或战略行动支援的职能。又或者当情报生产者坚持客观立场，却无法说服情报用户时，情报生产者及其情报产品则会因此受到冷落，从而使情报生产与情报用户处于一种可能导致严重后果的尴尬境地。例如，1920 年，由于军事情报部门高层认为英国不应当与苏联发展友好关系，他们密谋推翻企图发展英苏友好关系的戴维·劳埃德·乔治（David Lloyd George）首相的领导；1954 年，因为与当局政策相悖，以色列情报机构在没有通报总理的情况下，私自策划了“不幸商业”（Unfortunate Business）行动，妄图以此在埃及与西方国家之间挑起矛盾，从而阻止英国军队撤离苏伊士运河；1973 年，“赎罪日”战争前夕，以色列军事情报部门主管自认为对形势更加了解，就使用有关威胁迫在眉睫的情报误导其上级。①

长期以来，战略情报体系内部为确保情报产品的价值乃至情报系统的价值能够得到充分发挥，不因情报生产与情报用户之间的龃龉而湮没，就如何处理二者之间的关系做出过许多尝试。例如，为保持情报产品的客观性，英国军情五处专门设立如下工作原则：调查重点不受政治任务左右，而是基于对国家所面临风险的评估。② 美国情报界就如何协调二者之间的关系长期争论不休：

---

① Uri Bar-Joseph，Rose Mcdermott. The Intelligence Analysis Crisis ［C］// Loch K. Johnson. *The Oxford Handbook of National Security Intelligence* ［M］. New York：Oxford University Press，2010：370.

② Andrew Christopher. *Defend the Realm*：*The Authorized History of MI5* ［M］. New York：Alfred A. Knopf，2009：767. 转引自迈克尔·华纳. 情报的兴衰：一部国际安全史［M］. 黄日涵，邱培兵译. 韩红校. 北京：社会科学文献出版社，2016：239.

一派认为，情报生产者应将建立在客观性基础之上的真实性和准确性作为情报生产的最高原则，因此在处理与情报用户之间的关系时，应与情报用户保持一定距离，以免受到后者的影响而失去客观立场；另一派则认为，情报永远不可能保持客观中立，与情报用户保持距离只会造成情报生产与情报需求相脱离，进而使情报产品缺乏针对性和有效性，沦为一种空谈。然而，不论理论如何争论，一个不争的事实是，在一个信息互联越来越密切的世界上，加强情报生产和情报用户之间关系是大势所趋。2006 年 12 月，为推动战略情报体系转型，日本内阁成立由官房长官领导的"强化情报职能研讨会议"（简称"研讨会议"），专门研究情报改革问题。2008 年 2 月 14 日，"研讨会议"发布最终报告（即"2008 报告"），就强化情报能力提出政策建议。报告认为，建立和密切情报用户与情报生产之间的联系是增强战略情报能力的关键。[①] 为加强情报生产与情报用户之间的关系，2008 年 3 月 28 日，日本内阁决定正式确认内阁情报委员会（CIC）和内阁情报官（DCI）为情报界与决策者之间的联系枢纽。

（三）围绕情报系统价值认同，培养有利于开展情报活动的社会土壤

一切社会活动都根植于社会环境之中，深受社会环境因素的影响。战略情报活动也不例外。社会民众对情报活动的价值认同有助于开展情报活动；反之，则会成为影响情报活动开展的巨大阻力。例如，1956 年赫鲁晓夫秘密报告泄露之后，苏联作为一个价值认同载体遭受严重打击，苏联情报系统作为这一载体的组成部分也受到连带伤害。据信，赫鲁晓夫秘密报告被美国披露之

---

① Yoshiki Kobayashi. Assessing Reform of the Japanese Intelligence Community [J]. *International Journal of Intelligence and CounterIntelligence*, Vol. 28, No. 4, 2015: 722 – 726.

后，苏联情报系统几乎失去了通过纯粹信仰招募境外人员的能力，转而只能越来越依赖金钱收买。① 对情报活动的价值认同除了来自于其所承载的政治理念的吸引力外，更主要是来自于社会大众对情报系统满足国家安全需求的积极预期。以色列国民对情报活动价值认同可谓典型案例。以色列是当今世界上唯一一个能够获取全体民众支持情报工作的国家，原因就在于情报工作为缓和犹太民族面临的安全威胁作出了无可替代的、举世瞩目的贡献，每一个犹太人都知道以色列的安全环境离不开情报工作的幕后支持。以色列国民对情报工作的价值认同，不仅使得情报人员在以色列享有崇高的地位，而且使得情报机构能够放开手脚毫无掣肘地完成各种任务。在很大程度上，正是由于民众对情报工作的支持，以色列情报机构才能在全世界博得“高效”的美名。

信息时代，情报机构越来越难将自己隐藏在重重迷雾背后，因而必须学会在越来越透明的社会环境中开展情报活动。相对于工业时代，社会环境对情报机构和情报活动的影响和制约力度越来越大。作为战略情报体系转型的一部分，情报系统必须学会在做好自身工作的同时协调与社会环境之间的关系，努力提升社会大众对情报系统的价值认同。作为社会透明度相对较高国家，美国情报系统率先感到了来自社会环境的影响和制约。1996 年，美国中情局为改善自身不良的公众形象②，增强社会公众对自身的价值认同，专门设立娱乐产业联络官，负责与媒体（尤其是电影行业）进行交流合作，以帮助别人“准确且不歪曲”地描绘中情

① Jonathan Haslam. *Near and Distant Neighbors: A New History of Soviet Intelligence* [M]. New York: Farrar, Straus and Giroux, 2015: 190.

② 20 世纪 90 年代之前，中情局在大众传媒中的形象多为“邪恶的暗杀者”，缺乏监督的流氓特工，管理混乱、效率低下、行为滑稽和道德沦丧的组织机构。参见特里西娅·詹金斯. 好莱坞内部的中情局 [M]. 蓝胤淇译. 北京：商务印书馆，2015：19－39.

局。他山之石，可以攻玉。在信息化和全球化浪潮冲击之下，美国情报系统面临的问题或许很快就会成为每一个开放社会的情报系统都要面对的问题。美国情报系统的做法或可视为前车之鉴。

四、以全球一体为背景开展战略情报博弈

信息时代，在信息化和全球化浪潮中，战略情报博弈互动变得越来越活跃，越来越复杂。一方面，面对日益多元的跨境非传统安全威胁，各国之间不得不加大战略情报协调力度，以应对共同面对的挑战；另一方面，在传统安全领域，国与国之间的斗争并未停歇，作为战略博弈的重要内容，战略情报博弈因其失控风险低、斗争效益大、博弈手段多种多样而受到越来越多的重视。

（一）建立多层次情报协调机制，应对长期共同威胁

在互联互通日益紧密的全球化进程中，局部或地区问题极易放大为全球性安全挑战。例如，金融危机、能源（粮食）危机、有组织犯罪、海盗活动和恐怖主义威胁等等，在各类社会要素自由流动的情况下，很快就会辐射蔓延至周边乃至全球。此类安全威胁虽然经常以特定危机、团体或恐怖组织为典型代表，但事实上多为结构性矛盾的产物，因此将在一定程度上反复出现、长期存在。各国在应对上述反复出现、长期存在的安全威胁时，仅仅采用针对具体威胁而开展的有特定针对性的情报协调活动已经不能满足情报需求，一种新的超越传统情报协调活动、但又无法达到完全情报合作程度的常态化情报协调机制开始形成。常态化情报协调机制因应具体威胁而产生，却不因特定威胁而消失，而是会在应对特定种类威胁的过程中长期存在下去。

为应对大规模有组织犯罪、核生化武器扩散、金融危机和国际恐怖主义等跨国威胁，各国之间的多边及双边情报协作关系不

断加强。“9·11”事件之后，有关反恐事宜的情报博弈双边或多边协调趋势不断加强，一些传统上并无结盟关系的国家开始进行战略情报协调。例如，2007年，澳大利亚安全情报组织（ASIO）与120个国家的相应机构建立了306个联络关系；[①] 2002年加拿大安全情报局与130个国家的情报机构达成230项协议。[②] 这种新型的情报协调关系由于缺乏深层次互信，无法实现类似英、美、加、澳、新五国之间就信号情报生产建立的情报合作机制；但相较于过去一事一协调的模式，各国针对某类持续性威胁展开广泛合作的尝试有助于推动一种合作层次多样但却持久稳定的情报协调机制的发展。

（二）塑造利己非对称依赖关系，增强情报博弈优势

伴随着信息化和全球化在世界范围内的加速演进，信息、文化、人力、商品等社会要素在世界各国之间加速自由流动，造成两个无法忽视的结果：一方面，人、家庭、公司、社团、国家等社会行为体之间的联系愈加紧密，相互依赖关系不断加强；另一方面，世界政治中的权力结构开始朝着扁平化方向发展，权力单向度大规模聚集的难度加大，多极化趋势越来越明显。例如，发展中国家的GDP总和已从40年前不足全世界的20%上升至当前的40%；相应地，处理世界经济事务的七国集团（G7）不得不将新兴市场主体纳入其中，组建二十国集团（G20）。在权力政治的逻辑下，国际格局由一超多强向多极化格局转变注定不会一帆风顺。伴随着国际体系转型，世界政治中的战略行为体，尤其是世界大国，希望在转型过程中谋得先机，为自身安全创造最有利

① Australian Security Intelligence Organisation, *Annual Report to Parliament 2006 - 7* [R]. Canberra, 2007: 4.

② Ian Leigh. Changing the rules of the game: some necessary legal reforms to the United Kingdom intelligence [J]. *Review of International Studies*, Vol. 35, 2009: 947.

的战略环境，战略博弈程度不断加剧。在武力对抗风险越来越大的情况下，世界大国越来越倾向于将失控风险低、斗争效益大、博弈手段多样的战略情报博弈作为彼此争斗的主要方式。

就战略情报博弈而言，除去传统意义上以电磁空间和网络空间博弈为代表的物质信息博弈以及精神认知博弈，在相互依赖不断加深的世界体系中，塑造有利于己方的非对称依赖关系是加强情报竞争能力的战略性增长点。有必要澄清的是，此处并非否认传统意义上战略情报博弈手段在信息时代的必要性和重要性；相反，伴随着信息技术的飞速发展，传统战略情报博弈手段面临许多新情况。例如，在物质信息博弈方面，新技术的发展对电磁信息博弈和网络空间博弈的形式和方法都提出了新要求；在精神认知博弈方面，以社交网络、自媒体为代表的网络传媒的巨大发展使得战略欺骗、战略误导和战略规劝的实施环境与以往大不相同。面对诸多新情况，战略行为体需要积极主动就战略情报博弈手段的运用形式和方法做出研究和调整。然而，相较而言，在相互依赖不断加深的信息化和全球化时代，通过塑造有利于己方的非对称依赖关系，使己方在战略情报博弈过程中占据“先天”优势，无疑具有更高层次的战略意义。

（三）加强“信息地缘”前瞻性布局，筑牢情报博弈根基

“信息地缘”是指信息在存储和传递过程中形成的信息聚集“高地”或信息转运“枢纽”的分布结构。占据“信息地缘”优势是塑造有利于己方的非对称性依赖关系的基础。“9·11”事件后，美国情报系统能够迅速展开规模庞大的“棱镜”监控项目，就是基于其在全球信息产业发展中占据的领先地位所伴生的“信息地缘”优势。作为信息产业发展中的后发国家，虽然无法像美国一样占据“信息地缘”先天优势，但却可以通过加强“信息地缘”前瞻性布局，主动“塑造”信息聚集“高地”，“建设”信

息转运“枢纽”。具体而言，加强“信息地缘”前瞻性布局要从两方面着手：

一是谋取或培养具有信息聚集“高地”或信息转运“枢纽”潜力的社会行为体。无论信息网络构筑的虚拟世界如何恢弘，它最终都必须以现实世界的特定时空为存储介质和传递路径。信息时代，掌握信息存储介质和传递路径关键节点的社会行为体既有可能是传统意义上的民族国家，也有可能是跨国公司，尤其是新兴互联网公司。前者例如古巴——据信，苏联75%的战略情报来自古巴境内的“卢尔德斯”监听基地。[①] 后者例如新浪微博——每日产生约1亿条信息。[②] 加强“信息地缘”前瞻性布局就是要善于发现各类社会行为体潜在的信息地缘特点，通过与具有“信息地缘”优势的社会行为体开展合作，提高自身在世界信息地缘格局中的地位。

二是打通或控制通往信息聚集“高地”或信息转运“枢纽”的“接驳口”。“接驳口”是现实物质世界与虚拟信息世界的交叉点，是现实世界进入虚拟世界的入口中转站。以谷歌（Google）、百度（Baidu）和必应（Bing）等为代表的搜索引擎是接入互联网世界最广为人知的“接驳口”。然而，由于互联网上96%～97%的信息资源隐匿在不为人知的深网（Deep Web）或暗网（Dark Web）之中，谷歌、百度、必应等搜索引擎实际上只能索引3%～4%的网络内容。[③] 据此推论，虚拟信息世界中仍然存在许多可资“开发”和“利用”的“无主之地”。通过技术研发，

---

① 参见情报与国家安全课题组．情报与国家安全——进入21世纪的各国情报机构［M］．北京：时事出版社，2002：366.

② 曹国伟：新浪微博每日产生1亿条内容［N/OL］．(2012－01－06)［2015－12－23］http：//www.techweb.com.cn/arti cle/2012－01－06/1139327.shtm.

③ Alfred Rolington. *Strategic Intelligence for 21st Century*：*The Mosaic Method*［M］. Oxford：Oxford University Press，2013：89.

打开并掌握通向深网或暗网的"接驳口"，在未知区域塑造或抢占新的信息"高地"和"枢纽"，也许会成为战略行为体加强"信息地缘"前瞻性布局的重要举措。

战略情报体系转型是一项复杂的系统工程，内容不仅包含战略情报系统内部诸要素之间关系的调整，还涉及战略情报系统与战略决策系统、战略实施系统之间的关系调整，以及战略情报系统与社会环境之间的关系重塑。在信息化和全球化趋势加速演进的时代背景下，战略情报体系仍将面临许多新情况、新挑战，战略情报体系转型势必经历一个漫长过程，依然任重道远。

第二节　对策措施：打造国家核心竞争产业

复杂严峻的国家安全环境和国际竞争形势，对构建具有中国特色的战略情报体系提出了迫切需求。我们要从国家战略高度统摄情报工作，按照"统筹、融合、挖掘、支撑"的思路，将其打造成具有国际竞争能力的核心产业。"统筹"，是指从国家层面对情报工作进行总体规划，抓好顶层设计，统一领导体制，制定情报战略，完善相关法规，以明晰的任务、职责、权限、要求将力量资源整合起来。"融合"，是指加强协调沟通及相关机制建设，推动各级各类情报机构、情报单元互联互通、一体联动，并最大限度实现成果共享和数据融合，为生成战略情报产品奠定基础。"挖掘"，是指突出情报深度分析挖掘的战略价值及其人才队伍的地位作用，将数据挖掘、人工智能等先进技术和情报人员的主观能动作用有机结合起来，确保情报加工处理的系统性、准确性与可靠性。"支撑"，是指将军内外、国内外力量资源充分调动起来，合力解决平台、机制、技术、标准、人才等方面的难题，为战略情报工作畅通渠道、打通链路，为国家安全战略决策提供坚强保障和有力支撑。总之，要按照工程化思维，强化质量意识和协作精神，全面实现情报活动的自动化、规范化、系统化，创造性地解决情报生产链条及产品服务中出现的问题，以卓越品牌和效益回馈高端客户（决策者）。

一、从战略全局高度统筹规划情报工作

情报工作要以总体国家安全观为指导，以新形势下国家安全和国际竞争需求为牵引，超越特定部门的业务范畴或单一领域的特定需要，从国家战略层面进行统筹、规划和设计，将各级各类力量与资源整合起来形成合力，为国家安全重大决策提供高质量的情报产品和服务。

一是建立统一的国家情报领导体制。世界各主要国家都重视对情报工作的战略领导，如美国的国家情报主任、英国的内阁情报委员会、印度的国防情报局等。中国对情报工作的最高领导要归口国家安全委员会，其下应设立国家安全情报办公室或国家安全情报中心这一职能部门，统筹情报工作全局。具体职责包括：制订、修订国家安全情报战略，指导、协调和监督各领域各行业情报机构及智囊系统的计划和行动，对国内外情报力量建设、资源调配和集约运用进行前瞻设计和总体把握，筹建国家情报数据中心，分类建立战略情报资料库和数据库，整合军地各类情报信息，并进行深入分析挖掘和综合研判评估，为党和国家领导人准备情报报告、提供政策建议。

二是出台国家安全情报战略。以《国家安全战略纲要》为依据，与新形势下军事战略方针、《国家反恐怖战略纲要》等安全领域战略相协调，制定适应国际竞争态势、应对多元安全威胁、具有中国特色的安全情报战略。要客观分析战略形势，对国内外安全环境和战略情报存在的问题不足做出评估；要区分近期、中

期、远期的目标任务和工作重点，确保各条线各部门协同配合、形成合力；要对能力建设提出规划步骤，对能力运用提出原则遵循，使之与国家安全与发展规划相适应；要对技术、人才、经费、后勤、装备等保障措施提出方向性要求。情报战略应以四五年为周期，在评估实施效果、分析安全环境和安全利益需求变化的基础上，进行修订完善。

三是抓紧相关法规制度建设。我国对情报立法相对滞后，现有的《反间谍法》范围较窄，不适用宽泛活跃的情报工作，亟需设立专门的《国家情报法》。以《国家安全法》为依据，与国家安全情报战略相配套、与国家军民融合战略相适应，细化情报工作各项制度要求，尤其是明晰国家情报体系的构成及情报机构的地位、职责、权限、相互关系、运行监督、实效评估、奖惩激励等，形成针对性、可操作性都很强的法规体系。另外，还要注重国际法规的国内转化和适用工作，解决国内法与国际法衔接的问题，为国际安全情报合作提供保障。

二、建立“一体联动”的情报协作机制

所谓“一体联动”，是指多维一体、多域联动，从广阔的空间和广泛的行动上，使各级各类情报机构、情报单元联通协作起来，形成全面而有重点的国家安全情报体系，为有效发挥整体合力，形成竞争情报优势奠定坚实基础。

多维一体的情报侦察与监视体系是获取可靠战略情报的基本条件。面对隐形作战平台、战略打击兵器和远程精确打击理论的快速发展，中国必须为重要战略目标构筑起安全屏障，为有效预警和战略决策赢得宝贵时间。要将陆、海、空、天、电等多维侦察监视平台无缝衔接起来，建立高中低、远中近衔接互补的全维情报侦察体系，全时域、全方位、全天候、全频段监视可能的战

场空间，力求做到随时调用资源跟踪监视主要威胁方向、敏感热点地区、重要演习地域以及高价值目标，同时要不断提高侦察监视的精度和灵敏度，以提供更加精确实时的战略情报。当前，首要任务是将各战区、各军种以及国防动员系统的侦察监视平台统起来、联起来，根据任务需要规划调整或增设、重建，规范系统架构和数据标准，使地理上分散部署的部（分）队形成布局合理、有效联通的有机整体，提高侦察探测的覆盖率和重叠率，最大限度弥合缝隙、消除死角，实现情报比对、融合分析和按需共享，最终形成高质高效的情报“拼图”，为全源透视战场、全面掌握态势提供关键支撑。

多域联动是处于不同地域或领域的情报机构和单元，围绕统一的战略任务达成行动共识，共同规划目标区域，协商分配频谱资源，抓好不同空间、不同方向任务衔接和协同动作，相互补充、彼此照应，形成面向任务的自主联动体系。这有利于充分调用力量资源，提升战略情报的时效性与可靠性。比如，要把全民防空与反侦察、反监视结合起来，把网络安全与反恐怖、反分裂、反颠覆、防范金融风险等结合起来，把维护领土和海洋权益与维护周边稳定结合起来等等，形成多部门联动、军警民一体的情报工作机制。这些都需要我们从战略层面抓好统筹协调，以复杂繁琐的机制设计换取简约高效的情报产品。

三、以军民融合发展提升战略情报能力

军民融合发展是情报工作现代化的必然要求，情报业界要融入军民融合国家战略布局，在更广范围、更高层次、更深程度上，推进军队、武警部队与政府部门、专业机构、科研院所等地方情报部门的合作，充分调动各方力量，有效整合社会资源，弘扬全民情报意识，发挥群众路线优势，推动情报工作不断迈向新

台阶。

一是系统互联与平台共用。构建军民情报专网是军民融合情报共享的基础。要研究解决军地网络协议、保密级别、覆盖范围与传输能力差异性的问题，采取集成、桥接或推倒重建的方式，打造军地互联互通、稳定安全的情报网络。地方有关部门在宽带信息网、移动通信网等信息基础设施建设中，应考虑预留军用接口，畅通军地衔接通道，以利军地信息查询和情报快速传输。军方和政府可采取行政指令强制共享或市场运作有价运行等方式，通过商业性的联机检索公司、信息资源中心和各类社交网站，搜集情报信息或开展反情报工作。

二是技术转移与协作开发。技术转让是军民融合的重中之重。与美国“以军带民”的技术体制不同，中国军队某些技术水准已远远落后于地方，一些居于先进水平且具有巨大军事运用潜力的民用高技术，亟需转移嫁接到军队情报系统，这就需要灵活高效的军地协调制度作为保障。军地还要联合建立统一规范的情报信息整编流程和情报产品标准，开发关联挖掘、智能分析、全程控制、主动防御等新型情报处理、分发与防护技术，确保系统高度耦合、情报准确获取、信息快速整编、网络安全可靠。

三是情报互通与数据共享。针对反恐维稳、抢险救灾、联合防空、海外利益保护等任务，要坚持军地情报会商、定期通报等制度，采取意见交换、协商研讨、专项需求申请等办法，及时获取预警性、内幕性情报信息，并相互印证、相互补充，克服军地各自在情报信息保障上的薄弱环节，提高情报工作质量效益。要根据军地共性需求和各自保密要求，建立规范详实的共享情报数据库，除保留国家军队机密数据和部门业务特色数据外，最大限度抽取共性数据，依托可视化和智能化手段形成通用态势图，并保持实时更新，为战略决策和指挥控制提供有效平台。

四、着力突破关键领域技术瓶颈

技术水平是情报竞争能力的重要指标。要着眼国家总体安全形势，科学规划中国情报技术创新发展路线图，全面聚焦亟待解决的核心技术难题，集中力量资源实现突破，切实提升原始创新能力和综合运用能力。当前，应着力突破以下几个方面的技术瓶颈。

一是加强新型领域情报技术创新。要提升网络空间情报技术水准，尤其是自主研发核心硬件和系统软件技术，发展先进的嗅探窥视、截获篡改、漏洞监控、黑客攻击以及入侵检测、安全防护等技术，提高获取高价值情报的技术能力，同时做好自身反情报技术工作。要加快研发海洋监测高新技术，特别是突破深海探测与监测通用技术与专用材料核心技术，逐步建立岸（岛）基、海基（含海底基）、空天基一体的海洋立体观测网，满足“近海防御、远海防卫”的基本情报需求。要以构建全球地理信息系统为牵引，加强全球定位、遥感、海量数据存取、数据融合与虚拟现实、互操作与超链接等地理空间信息技术及产品的配套研发，为获取近实时、高精度的地理空间情报，并叠加敌情、我情和相关指令信息形成通用态势图，提供关键支撑。

二是突出大数据情报技术研发。大数据已成为情报信息系统的重要支撑技术。深入理解、有效运用大数据技术，有助于发现高价值信息和深层次规律，提高情报分析效率，减少盲目性和不确定性。要着力提升大数据管理体系架构和大数据存储、交换、挖掘、可视化等方面的技术水准，加强与大数据相关的基础设施建设，推动情报分析工作向工程化、自动化方向发展，有力辅助情报人员的研判评估，为决策层提供高端新质的情报产品。

三是探索智能化情报技术运用。智能化技术的飞速发展，为情报工作提供了广阔前景。要认清国内外研究现状，积极探索、大胆试验，开辟新的智能化情报保障路径。智能化采集技术，可实现信息资源特别是网络情报的自动搜索、过滤、甄别、监测、跟踪；智能化的加工、分析和处理技术，可对采集的成果作更深层次的整序、标引和转换，并帮助情报人员分析发展趋势、发现未知事实和潜在情报；而智能化检索、自动摘要等技术可为情报用户提供人性化的交互环境和更为贴切的情报资源。

五、加强战略情报人才队伍建设

优秀的专业人才是情报工作的生命线。要聚焦国家安全需求，瞄准问题短板，加强对战略情报人员的选拔、培训、管理与使用，打造一支面向未来、充满竞争活力的情报人才队伍方阵。

一是要注重多元化构成。人才的多元化是指根据年龄、阅历、专业领域、主攻方向，合理编配战略情报分析团队，可以从军队、政府、工商、金融、科技、文化等机构单位，选拔聘用或临时抽调高端专业人才，探索建立科学的分工与协作机制，既能兼顾不同领域不同方向情报需求，又能协同对安全形势和国际环境做出整体评估，既能从本专业角度深入提取挖掘有用信息，又能与其他专业有效沟通进行换位思考，共同构筑起丰富的想象空间。

二是要加强专业化培训。战略情报分析与评估，是战略情报生成的核心环节，相关人员必须经过专业化培训，重点加强战略思维、辩证思维、批判思维和归纳演绎、逻辑推理、运用多种方法手段综合分析等方面的训练，锻炼对对象国政局变化、战略调整和相关地区形势演变的敏锐洞察力和超前预测力。为此，有必要制定系统的培训规划，设立国家高等情报学院或在军地某些院校开设专门的战略情报专业，规范设置课程内容，走军地联合培养路子，形成一体化精细化人才培养模式。

三是要坚持多岗位历练。情报人员的经验和直觉对战略情报分析至关重要，而它们主要来自于岗位实践的积累摸索和总结升华，这在人才成长链条上是不可替代的。鉴于情报专业的相通性、相容性，情报人员可能比从事其他职业的人员更适合轮岗。要尝试打破军种界限、军民界限，推动情报人员的交叉任职或周期轮岗，通过多环境多岗位历练，增强情报人员对不同专业领域的认知理解能力和对各种各样威胁风险的识别应变能力，为从战略层面整编融合情报信息，储备丰富知识、积累必要经验。

四是要塑造精英式文化。这与战略情报工作讲求团队意识和协作精神并不相悖，情报精英往往是优秀团队的必备符号。情报分析人员要善于倾听各方意见，借助“头脑风暴”的方式集思广益，但不能轻易屈从“集团思维”而放弃自己可能正确的想法。要敢于另辟蹊径，大胆假设，探索未知，但须小心求证、谨慎定论。作为情报部门，要给优秀人才提供施展才华的舞台和职业上升的空间，通过绩效管理机制让其脱颖而出，带动激发情报团队开拓进取，保持创新活力。

六、增进国际安全合作情报交流

非传统安全威胁给国际情报交流合作提供了广阔空间。围绕反恐怖、反海盗、打击跨国犯罪、防范金融风险、海上联合搜救、人道主义救援和减灾等行动的情报交换和共享，使国家间更容易超越不同的政治环境、文化背景、宗教信仰和国家实力，建立起传统安全领域难以建立的互信。应将增进国际情报交流合作作为对外交往的重要方式，根据国际安全形势发展变化，抓住机会、创造条件，与相关国家建立起长期性或应急性的情报合作机制。这既有利于获取必需情报、完善相关数据库，为防范预警和精确行动提供支持，也有助于研究对手的情报能力、丰富情报工作经验，为找准自身定位、增强竞争能力提供借鉴。

一是打好反恐的“国际牌”。积极参与或牵头组织反恐国际会议，互通情报，分析形势，交流经验。借助上合组织平台，与俄罗斯、阿富汗、巴基斯坦等周边国家或地区组织深化反恐合作，搭建反恐情报网络，共享信息数据，联合实施对重点人员、重点组织的监控和打击。继续推动与美国的反恐情报交换，定期举行磋商，共同盘点国际恐怖势力活动信息，探讨合作切断恐怖分子国际通道的问题。扩大与“一带一路”沿线国家的情报合作范围，广泛搜集中国海外利益可能遭受各类恐怖威胁的情报信息，做好防范和应对准备。

二是加强金融情报机构合作。为有效打击跨国犯罪、恐怖主义和民族分裂活动，要加强与境外金融机构的合作，构建遍布全球的金融情报网络，积极履行国际义务的同时，准确掌握非法资金相关情报，及时切断洗钱和恐怖融资的资金源头。如通过亚欧会议（ASEM）、反洗钱金融行动特别工作组（FATF）和欧亚反洗钱与反恐融资小组（EAG）等国际组织，开展全方位的国际合作。随着“一带一路”投资力度的加大，还应加强与相关国家的金融情报合作，监测和防范各类风险，确保资金流向安全，维护中国国家利益和国际声誉。

三是借助多种类型的联合演习。通过参与或组织以反恐、维和、禁毒、护航、打击海盗、海上搜救、人道主义救援等为主题的双边或多边联合演习，如参加“环太平洋”联合军演、组织中俄日本海联合军演等，交换和研判假想敌行动情报，搜集有关地区的地理空间、电磁环境、人文社情等信息，考察参演国家的装备水平、指挥程序和动员、投送、快速反应、持续行动能力，为未来进一步密切安全合作关系、遂行特定作战任务畅通渠道，做好准备。

国家安全战略情报已成为国家核心竞争能力的重要组成部分。世界主要发达国家纷纷制定了情报战略，作为国家安全战略体系的重要分支，其地位得到了不断提升和巩固。进入21世纪以来，全球最严重的情报失误（“9·11”事件）发生在情报实力最为强大的国家美国，这使其充分意识到情报战略转型的重要性，在情报尤其是战略情报方面不断加大投入，致力于将其打造成维护国家安全、强化世界霸权地位的重要手段。而情报转型必须革新旧的传统观念，汲取新的时代精神，适应新的安全环境，应对新的秩序挑战，这是制定和调整情报战略的核心目标。可以想见，未来各大国围绕情报领域的战略竞争与对抗将日趋激烈。

战略情报并不完全是战略层面获得的情报，它还包括从各个领域各个条线获取情报中提取、挖掘出来的具有高价值的情报，后者在战略情报中往往占有非常大的比重，在国家安全决策中也发挥着更为重要的作用。情报挖掘能力并不是一蹴而就的，它不但与情报加工处理的技术水准有关，更取决于情报分析人员的阅历、知识、经验、眼光、直觉等综合能力素质。然而，不管哪一方面，我们都还有很长的路要走，必须认真反思、查找原因，以更加清晰的思路、更加长远的目标、更加务实的举措，规划设计和解决好这一关键性问题。还有一点需要指出的是，在具体实践中不要刻意区分战术情报与战略情报，二者的区别有时并不是那么明显，看待情报的角度不同，得出的结论或情报体现的价值也会有所不同，我们必须辩证分析，具体问题具体分析，否则就会陷入误区，自缚手脚。

本课题的创新点主要包括五个方面：一是以国家安全战略体系构成为分析框架，系统分析情报在国家安全战略体系中的价值定位、功能作用和职能任务；二是采用概念解析法，从知识结构、需求结构和功能结构三重视角，对战略情报的内容构成进行多维分析；三是借鉴卡尔·波普尔的三个世界哲学理论和认知心理学相关理论，对战略情报能力进行系统阐述；四是前瞻性归纳提炼出新形势下国家安全和大国博弈对战略情报的新要求；五是针对中国家安全战略情报体系及能力建设面临的问题和挑战，提出思考建议。存在的不足和需要努力的方向：一是对国家间情报博弈的理解阐释还不够充分；二是对太空、网络、深海等新型领域情报工作的把握还不够深透；三是对于弥合从需求到能力之间“鸿沟”的问题还需继续研究探索；四是对中国战略情报体系建构的分析展望还需进一步系统化。